Hans-Werner Zöllner

Lasst uns lieben,
denn ER hat uns zuerst geliebt

Impulse aus dem ersten Johannes-Brief

Hans-Werner Zöllner

Lasst uns lieben, denn ER hat uns zuerst geliebt

Impulse aus dem ersten Johannes-Brief

© Alle Rechte vorbehalten

Vervielfältigung oder Abschrift, auch auszugsweise, nur mit schriftlicher Genehmigung durch den Autor:

Hans-Werner Zöllner
Pestalozzistrasse 3
89312 Günzburg
info@hwz-ministries.de

Bibelzitate, sofern nicht anders angegeben, wurden der Luther Bibelübersetzung 1984 entnommen.
Bibeltext der Luther-Übersetzung: © 2000 Deutsche Bibelgesellschaft.
Hervorhebungen einzelner Worte oder Passagen innerhalb von Bibelstellen wurden vom Autor vorgenommen.

Bibliografische Information der Deutschen Nationalbibliothek
Die Deutsche Nationalbibliothek verzeichnet diese Publikation in der Deutschen Nationalbibliografie; detaillierte bibliografische Daten sind im Internet über http://dnb.dnb.de abrufbar

© 2016 Hans-Werner Zöllner

Herstellung und Verlag
BoD - Books on Demand, Norderstedt

ISBN: 978-3-7392-1534-1

Für meine Freundin und engste Vertraute
Angelika

Dank

Vor allen anderen Menschen, denen ich für Ihre Mithilfe dankbar bin, möchte ich meinem Gott danken, der mich in den letzten Jahren in wunderbarer Weise angesprochen und berührt hat. Seine Liebe, die besonders im ersten Johannes-Brief zum Leuchten gebracht wird, hat aus mir einen anderen Menschen gemacht.

Vielen Dank auch an Angelika, meine liebe Frau, die mich immer wieder motiviert hat, an diesem Projekt dran zu bleiben, und die mich auch in Layout und Veröffentlichung beraten hat.

Und nicht zuletzt möchte ich auch meiner Tochter, Mirijam, meinen Dank aussprechen. Sie ist eine großartige junge Frau, die ihr Leben fabelhaft meistert, und nebenher noch die Lektorin für die Bücher ihres Vaters ist. Ich bin so stolz auf sie!

Inhalt / Themen

Einleitung 9

Jesus - nur ein Mythos? (1. Johannes 1,1-4; 5,6-13) 11

Im Licht leben - gesund werden! (1. Johannes 1,5-10) 23

In Jesus bleiben - versöhnt leben! (1. Johannes 2,1-6) 34

Bruderliebe = Maßstab für echten Glauben! (1. Johannes 2,7-11) 45

Habt nicht lieb die Welt! (1. Johannes 2,12-17) 56

Die letzte Stunde hat geschlagen! (1. Johannes 2,18-27) 67

Kind Gottes und Sünde, wie Feuer und Wasser?
(1. Johannes 2,28-3,10) 78

Liebe in Tat und Wahrheit (1. Johannes 3,11-18) 89

Mit Gott immer im Haben! (1. Johannes 3,19-24) 100

Prüft die Geister! (1. Johannes 4,1-6) 111

Gottes Liebe (1. Johannes 4,7-21) 122

Christen sind Sieger! (1. Johannes 5,1-5) 133

Die Kraft des Gebets (1. Johannes 5,14-17) 144

Bewahrt in Christus! (1. Johannes 5,18-21) 155

Nachwort 166

Info zu HWZ Ministries 167

Bücher von Hans-Werner Zöllner 170

Über den Autor 172

Einleitung

„Lasst uns lieben, denn er - Gott - hat uns zuerst geliebt!" (1. Johannes 4,19) ist eine der schönsten Botschaften, die es für uns Menschen gibt. Wir sind von Gott geliebt, und zwar so sehr, dass *„er seinen eingeborenen Sohn gab, damit alle, die an ihn glauben, nicht verloren werden, sondern das ewige Leben haben"* (Johannes 3,16).

Diese Botschaft zieht sich wie ein roter Faden durch den ersten Brief des Apostels Johannes, den er ursprünglich an einen Kreis christlicher Gemeinden geschrieben hat, die sich vermutlich innerhalb der Provinz Kleinasiens[1] versammelt hatten. Dabei ging es ihm darum, die Glieder der Gemeinden im Glauben zu stärken, sie zu brüderlicher Liebe aufzurufen und ihnen die Gewissheit der Gemeinschaft mit Gott und ihres Heils zu vermitteln.

Johannes greift verhältnismäßig wenige, aber für den Glauben grundlegende Themen auf. Daraus ergibt sich der um einzelne Gedanken kreisende Stil des ersten Johannes-Briefs, bei dem Johannes auf bestimmte Themen mehrfach zurückkommt, sie vertieft und sie auf das Leben seiner Zuhörer anwendet. Es ist ihm einfach wichtig, dass das Leben als Christ kein bloßes Pflegen religiöser Traditionen oder erhalten intellektueller Erkenntnisse ist, sondern real erfahrbare Beziehung zu Jesus Christus, die sich auch im Ausleben liebevoller Beziehungen zu anderen Menschen zeigt: „Lasst uns lieben, denn er hat uns zuerst geliebt!"

Von diesem Anliegen des Johannes können Sie heute profitieren, denn im „Markt religiöser Möglichkeiten" unserer Zeit ist nicht mehr so klar, was Christsein bedeutet, auf welchen Grundlagen es beruht, und wie es im alltäglichen Leben seine Bewährung findet. Die Inhalte dieses Buches werden Ihnen dabei helfen. In 14 verschiedenen Themenkreisen werden darin die Anliegen des Johannes auf die heutige Situation von Christen angewendet. Dabei steht es Ihnen völlig frei, auf welche Art Sie diese angehen.

---

[1] Im Westen der heutigen Türkei.

Ich empfehle Ihnen, mit dem ersten Thema zu beginnen, weil Sie darin einige grundlegende Informationen über den Anlass und die Empfänger des Briefes erhalten können. Ansonsten können Sie entweder den Kapiteln und Versen des Briefes entlang gehen, oder Sie können sich einfach die Themen heraussuchen, die Sie interessieren. Jeder Abschnitt ist unabhängig von den anderen, sodass Sie auch davon profitieren können, wenn Sie das Buch nicht auf einmal durchlesen.

Da die einzelnen Themen ursprünglich als Predigten verfasst wurden, habe ich den Stil einer Rede bewusst beibehalten. Dadurch haben Sie die Möglichkeit, tief in die Ausführungen einzutauchen, und werden durch die persönliche Anrede in Ihrem Glauben herausgefordert. Das ist für Ihren Glauben viel wichtiger als Sie es vielleicht annehmen, denn auch in der Nachfolge Jesu gilt der Satz: „Wer rastet, der rostet!"

In diesem Sinne wünsche ich Ihnen eine spannende und hilfreiche Zeit, im Dialog mit dem Apostel Johannes, der Ihnen ganz bestimmt sehr viel zu sagen hat.

Gott segne Sie!

Ihr Hans-Werner Zöllner

Jesus - nur ein Mythos?
Oder ist das Leben erschienen?

(1. Johannes 1,1-4; 5,6-13)

Ich persönlich finde die Thematik, gerade des ersten Johannes-Briefes sehr wichtig, weil er ein Thema anpackt, das für uns immer aktueller wird. An jeder Ecke sprießen heutzutage irgendwelche Sekten oder religiöse Zirkel aus dem Boden, und keiner scheint dabei den Überblick behalten zu können. Wenn man aber denkt, dass dies in den „guten alten Zeiten" anders war, täuscht man sich gewaltig. Und so war es auch zur Zeit der Briefe des Johannes nicht anders. Wenn damals jemand eine neue Erkenntnis hatte, sammelte er Jünger oder Schüler um sich, um ihnen seine neue Erkenntnis nahe zu bringen. Wer sollte dabei den Überblick behalten? Eigentlich war das nicht möglich. Wie es aber trotzdem gehen kann, zeigt uns der Apostel Johannes in diesem Brief: Er macht deutlich, dass es nicht darum geht, dass wir uns mit diesen Sekten beschäftigen, um ihre Lehren zu durchschauen, sondern, dass wir uns auf das besinnen sollen, was unseren Glauben an Jesus ausmacht.

Bevor wir uns aber damit befassen, möchte ich eine kurze Einführung in diesen Brief geben, damit wir seine Aussagen besser verstehen können. Johannes, der Sohn des Zebedäus und Apostel Jesu schrieb diesen Brief an Christen, die in der Provinz Kleinasien gelebt haben. Aus heutiger Sicht ist dies in der westlichen Türkei anzusiedeln. Er schrieb diesen Christen, weil er mitbekommen hatte, dass sie durch Irrlehrer und Falschpropheten in ihrem Christsein gefährdet waren. Besonders gefährlich waren diese Irrlehrer deshalb, weil sie aus den eigenen Reihen der Gemeinde kamen. Das heißt, hier wurde eine Atmosphäre des Vertrauens ausgenutzt, um Irrlehren zu verbreiten.

Johannes wollte mit diesem Brief aufklären und auch zukünftigen Strömungen vorbeugen, denn diese Irrlehrer hatten eine ganz neue Botschaft zu verkündigen, die zur sog. Gnosis (Erkenntnis) gehörte. Die Gnosis war eine Lehre, bei der es im Schwerpunkt darauf ankam, mit eigener menschlicher Erkenntnis die zentralen Fragen des Lebens erforschen und beantworten zu können. Diese Lehre hatte verschiedene Ausprägungen, die für Johannes ihre Spitze darin hatte, dass sie Jesus Christus selbst verleugnete (1. Johannes 2,22). Um den Brief in seiner ganzen Schärfe besser verstehen zu können, müssen wir uns kurz einzelne Ausprägungen der Gnosis anschauen, die durchaus vorgekommen sein können:

Dualismus: Diese Ausprägung lehrte die Trennung von Geist und Materie. Der Geist des Menschen war das Gute im Menschen. Und so war auch der Gottgeist Jesus durchaus nichts Schlechtes. Die Materie aber - der Leib des Menschen - wurde als schlecht angesehen und galt unter den Dualisten als Gefängnis der Seele. Das Negative an diesem Dualismus war[2], dass die Vertreter dieser Lehre sagten, dass, wenn die Materie schlecht ist, dass dann auch der Schöpfer dieser Materie schlecht sein müsste, wenn es nicht sogar der Teufel selbst sei, und somit auch das Alte Testament und Schriften des Neuen Testaments, die Bezug auf das Alte Testament nehmen, abgelehnt werden müssten. Das Ergebnis des Ganzen war, dass es nur noch darauf ankam, das Gefängnis des Leibes durch sog. „Himmelsreisen der Seele" zu verlassen und dadurch zu immer höherer Erkenntnis und letztlicher Befreiung des Leibes zu kommen.

Eine weitere Ausprägung der Gnosis war der sog. *Doketismus* (Scheinleiblichkeit). Bei dieser Lehre musste der Mensch zwar „erlöst" werden, war aber nicht als „Sünder" anzusehen, der mit Blut reingewaschen werden muss. Jesus musste demnach auch nicht sterben! Zitat: „Aus der Himmelswelt kommt ein Retter, der nicht Sünder mit Blut erkauft, sondern als Geistwesen - nur vorübergehend mit dem Menschen Jesus verbunden oder nur einen Scheinleib tragend - die göttlichen Geistesfunken in Menschen an sich zieht, und sie zur Lichtwelt des wahren Gottes heimführt."[3]

Jesus, der „wahre Gott", war also nach dieser Lehre kein „wahrer Mensch" geworden. In der Lehre des Doketismus blieb er ein Geist, der seine Menschwerdung höchsten falls vorgetäuscht hatte. Als Folge davon ging es für die Menschen darum, einen göttlichen Funken in sich zu

---

[2] Bei dem Gnostiker Marcion (138/39 n.Chr.) in Rom, der 144 aus der Kirche ausgeschlossen wurde.
[3] Wuppertaler Studienbibel - Werner de Boor: 1. Johannes-Brief, 15.

aktivieren, um von diesem Geist an sich gezogen und zur göttlichen Lichtwelt gebracht zu werden.

Und noch eine dritte Ausprägung der Gnosis: Die <u>Lehre des Cerinth</u>. Er soll gebürtig aus Alexandria gewesen sein, das liegt in der heutigen Türkei (Ägäis - Süd-West-Türkei). Er war ein Sektierer, Zeitgenosse und Gegner des Johannes. Es ist daher anzunehmen, dass Johannes in seinem Brief sehr oft Bezug auf die Lehre dieses Mannes genommen hat. Cerinth behauptete, dass der göttliche Geist, wenn überhaupt, erst mit der Taufe in den Menschen Jesus von Nazareth eingetaucht sei.

Dieser Geist soll nun Jesus, den menschlichen Sohn des Josef, bevollmächtigt haben, Wunder zu tun, ein tugendhaftes Leben voll Weisheit zu führen, und den unbekannten Vater im Himmel zu verkünden; ihn aber vor dessen Leidensweg wieder verlassen haben. Damit leugnete Cerinth die Jungfrauengeburt, das Kreuz, den Tod und die Auferstehung des Gottessohnes Jesus. Nach Cerinth wurde von dem Josefssohn Jesus zwar Blut vergossen, aber nie von Gott selbst, in dem göttlichen Geist, Jesus Christus.

Man kann annehmen, dass aufgrund der Fülle der Irrlehrer nicht nur eine Richtung der Gnosis in den Gemeinden vertreten war. Und in diese, für manche Christen sicher reizvolle, neue Lehre hinein schrieb Johannes seinen Brief an die Christen in Kleinasien. Von diesem Hintergrund her ist es nur zu verständlich, dass Johannes in seinem Brief mit solcher Deutlichkeit darauf hinweist, dass Jesus Christus Gottes Sohn ist, und seinen Leserkreis zu echtem Glauben aufruft, der sich nicht im Erleben „himmlischer Seelenreisen" zeigen sollte, sondern in praktischer Nachfolge Jesu.

An dieser Stelle wird der Brief dann auch für unsere heutige Zeit sehr aktuell. Dazu ein Zitat von Dr. Heiko Krimmer: „Glaube als ein intellektuelles Wissen; Theologie, die reine Theorie ist; eindeutige Bestreitung der Gottessohnschaft Jesu von Nazareth; Leugnung der Heilsbedeutung des Todes Jesu Christi und das 'Erkalten der Liebe' sind Strömungen, die die Gemeinde Christi heute verstärkt bedrohen."[4]

Mit dieser Aussage geht es nicht darum, alles schwarz zu malen be-

---

[4] Krimmer, Heiko: Edition C Kommentar zum 1. Johannes-Brief, 11.

ziehungsweise nur noch alles negativ zu sehen, aber es zeigt uns, wie aktuell die Worte der Bibel sind, und wie ernst wir darum gerade solche Briefe nehmen sollten, wie den des Johannes.

Damals wie heute können die Auswirkungen einer Irrlehre in gleicher Weise erfolgen - Menschen können den Glauben an Jesus verpassen, indem sie sich gänzlich von Jesus und der Bibel distanzieren. Das ist übrigens die einzige Möglichkeit, die ich sehe, wie Menschen das von Gott angebotene Heil verlieren können. Jesus nennt dies *„Lästerung gegen den Geist"* (Matthäus 12,31), die nicht vergeben wird. Das ist gegeben, wenn sich ein Mensch bewusst und gänzlich von Jesus und seinem Wort abwendet und seinen Weg ohne Gott weitergehen möchte. Dies kann durch solche Irrlehren geschehen, doch es ist eine Katastrophe für jeden einzelnen Menschen. Um dies zu verhindern - vor allem in Bezug auf die Menschen, die ohne Jesus leben -, werden wir gut daran tun, wenn wir diesen Brief des Johannes sehr ernst nehmen, denn Johannes sagt in 1. Johannes 2,18: *„Kinder, es ist die letzte Stunde!"*.

Damit haben wir einen gewissen Hintergrund, auf dem sich unser Verständnis dieses Briefes aufbauen kann. Diesen Hintergrund brauchen wir auch, denn diejenigen, die sich mit den Briefen des Neuen Testaments ein wenig auskennen, werden merken, dass Johannes diesen Brief etwas unorthodox beginnt. Normalerweise beginnen Briefe mit einer ausführlichen Begrüßung und Segenswünschen. Aber Johannes kommt hier gleich zur Sache. Sein Anliegen ist ihm viel zu dringlich, als dass er sich mit Begrüßungsfloskeln aufhalten möchte. Er muss vor diesen Irrlehrern warnen! Das ist ihm wichtig. Und deshalb startet er gleich durch. Er behält seine Linie bei, indem er diesen Brief ganz der Thematik seines Herrn Jesus Christus widmet. Mit dem steigt er auch sofort ein, um gleich am Anfang ein eindeutiges Zeugnis von Jesus Christus von Nazareth abzulegen - dem Sohn des lebendigen Gottes.

Er wiederholt dies dann noch einmal im fünften Kapitel - zum Abschluss des Briefes. Darum nehme ich diesen Abschnitt zu diesem Thema dazu: Jesus - nur ein Mythos - oder ist das Leben erschienen? Ich zitiere dazu die Verse 1 bis 4 aus dem ersten Kapitel und die Verse 6 bis 13 aus dem fünften Kapitel des ersten Johannes-Briefes:

> *„Was von Anfang an war, was wir gehört haben, was wir gesehen haben mit unsern Augen, was wir betrachtet ha-*

ben und unsre Hände betastet haben, vom Wort des Lebens - 2 und das Leben ist erschienen, und wir haben gesehen und bezeugen und verkündigen euch das Leben, das ewig ist, das beim Vater war und uns erschienen ist -, 3 was wir gesehen und gehört haben, das verkündigen wir auch euch, damit auch ihr mit uns Gemeinschaft habt; und unsere Gemeinschaft ist mit dem Vater und mit seinem Sohn Jesus Christus. 4 Und das schreiben wir, damit unsere Freude vollkommen sei.

5,6-13: Dieser ist's, der gekommen ist durch Wasser und Blut, Jesus Christus; nicht im Wasser allein, sondern im Wasser und im Blut; und der Geist ist's, der das bezeugt, denn der Geist ist die Wahrheit. 7 Denn drei sind, die das bezeugen: 8 der Geist und das Wasser und das Blut; und die drei stimmen überein. 9 Wenn wir der Menschen Zeugnis annehmen, so ist Gottes Zeugnis doch größer; denn das ist Gottes Zeugnis, dass er Zeugnis gegeben hat von seinem Sohn. 10 Wer an den Sohn Gottes glaubt, der hat dieses Zeugnis in sich. Wer Gott nicht glaubt, der macht ihn zum Lügner; denn er glaubt nicht dem Zeugnis, das Gott gegeben hat von seinem Sohn. 11 Und das ist das Zeugnis, dass uns Gott das ewige Leben gegeben hat, und dieses Leben ist in seinem Sohn. 12 Wer den Sohn hat, der hat das Leben; wer den Sohn Gottes nicht hat, der hat das Leben nicht. 13 Das habe ich euch geschrieben, damit ihr wisst, dass ihr das ewige Leben habt, die ihr glaubt an den Namen des Sohnes Gottes."

Was löst bei Ihnen eine Geburtsanzeige aus, wenn Sie sie lesen? Bei dem einen löst es Mitfreude aus, vielleicht auch Gedanken an den Schöpfer. Manche denken dabei an die Schmerzen der Mutter, oder an die Freude, weil eine Familie entstanden ist. Verändert die Geburtsanzeige einer anderen Familie aber etwas in unserem Leben? Vielleicht schon... Zumindest bringt es eine kurze Freude ins Leben. Und je näher die Verwandtschaft desto mehr Freude. Aber diese Freude ist oft nur kurzfristig und das eigene Leben tritt bald wieder in den Vordergrund. Der erste Abschnitt (Kap. 1,1-4) ist so eine Geburtsanzeige, die dann im zweiten Abschnitt (Kap. 5,6-13) noch vertieft wird.

"...das Leben ist erschienen...", sagt Johannes. Einer, der durch die Geburt Jesu und deren Folgen bis ins Tiefste verändert wurde: Letztlich wurde aus ihm ein vollzeitlicher Zeuge Jesu - ein Apostel. Sein Zeugnis begegnet uns in beiden Abschnitten sehr klar, indem er uns bezeugt, dass dieser Jesus von Nazareth, in der Zeit nach der Geburt, bis vor seine Leidenszeit, nicht nur scheinbar einen Leib hatte, oder nur als Geist im Menschen - Jesus - gelebt hat.

Er bezeugt etwas völlig anderes, völlig dem entgegen, was die Lehre der Gnosis zur damaligen Zeit verbreitet hat. Aber er bezeugt damit die Wahrheit! Und wir können dieses Zeugnis in drei Ausprägungen studieren: Als geschichtliches Zeugnis, als göttliches Zeugnis, und als persönliches Zeugnis.

1. Das geschichtliche Zeugnis von Jesus (Kap. 5,6-8)

„Dieser ist's, der gekommen ist durch Wasser und Blut, Jesus Christus; nicht im Wasser allein, sondern im Wasser und im Blut; und der Geist ist's, der das bezeugt, denn der Geist ist die Wahrheit. 7 Denn drei sind, die das bezeugen: 8 der Geist und das Wasser und das Blut; und die drei stimmen überein."

Welches ist die bekannteste Tatsache dafür, dass Jesus gelebt hat? Es ist die Zeitrechnung: vor Christi - Christi Geburt - nach Christi. Die Inkarnation (Menschwerdung) Jesu ist ein historisches Datum im Zeitkalender dieser Welt - auch wenn man das genaue Datum nicht mehr weiß. Man nimmt an, dass Jesus ca. 6 nach Christi geboren wurde.

Ein zweiter historischer Fixpunkt im Leben Jesu war seine Taufe (vgl. Matthäus 3,13-17; Markus 1,9-11; Lukas 3,21.22; Johannes 1,32-34). Die Taufe von Johannes war eine Bußtaufe - Jesus, als Gott und Mensch ohne Sünde, hätte sie nicht nötig gehabt. Jesus zeigte aber durch diese Handlung, dass er seine Sendung und den Willen des Vaters angenommen hatte.

Er wollte diesen Willen ausführen, indem er für die Sünder sterben sollte. Wegen dieser Taufe wird auch das Wasser als einen der Zeugen in unserem Text angeführt. Ein dritter historischer Fixpunkt im Leben Jesu war seine Passion und Kreuzigung. Viel Blut wurde in Leiden und Tod Jesu vergossen. So kann dann auch das Blut in unserem Text als

Zeuge aufgeführt werden - als Zeuge dafür, dass Jesus Christus wirklich gelebt hat. Und dann wird noch der Heilige Geist als Zeuge aufgeführt, für die ganz Skeptischen. Der Heilige Geist kann als Zeuge angeführt werden, da er ja bei der Taufe Jesu entscheidend beteiligt war (Johannes 1,32-34).

Im Judentum und vermutlich auch im Griechentum galt eine Sache erst dann als absolut gewiss, wenn sie auf zweier oder dreier Zeugen Mund bestätigt wurde. Wenn also drei unterschiedliche Leute das gleiche bestätigt haben, galt dies als wahr. Nicht nur darum tauchen hier drei verschiedene Zeugen bzw. Zeugnisse auf. Johannes der Täufer (Johannes 1) konnte Jesus als den gottgesandten Messias daran erkennen, dass der Heilige Geist auf ihn kommen und auf ihm bleiben wird. So ist auch der Heilige Geist ein Zeuge des Lebens und der Sohnschaft Jesu.

2. Das göttliche Zeugnis von Jesus (Kap. 5,9-11)

„Wenn wir der Menschen Zeugnis annehmen, so ist Gottes Zeugnis doch größer; denn das ist Gottes Zeugnis, dass er Zeugnis gegeben hat von seinem Sohn. 10 Wer an den Sohn Gottes glaubt, der hat dieses Zeugnis in sich. Wer Gott nicht glaubt, der macht ihn zum Lügner; denn er glaubt nicht dem Zeugnis, das Gott gegeben hat von seinem Sohn. 11 Und das ist das Zeugnis, dass uns Gott das ewige Leben gegeben hat, und dieses Leben ist in seinem Sohn."

Johannes arbeitet hier mit einem Vergleich. Er vergleicht den Umgang mit dem „Zeugnis von Menschen" mit dem Umgang mit dem „Zeugnis von Gott". Wenn wir an unser Alltagsleben denken, werden wir feststellen: Er hat recht! Wenn wir anderen Menschen keinen Glauben schenken, kommen wir nicht durchs Leben.

Wir können nicht alles selbst entdecken, versuchen, erfinden, usw. Wir glauben also das, was Menschen sagen, und handeln auch danach, obwohl wir wissen, wie Menschen sein können und dass sie auch nicht alles wissen können. Gott aber ist allwissend, allweise, allmächtig, allgegenwärtig, eine unfehlbare Person.

Johannes macht das richtig schlau, indem er uns durch diesen Vergleich in unserem Denken hinterfragt. Er sagt damit: „Gott ist viel größer als der Mensch - er macht keine Fehler, wie der Mensch - er ist nicht so egoistisch, wie der Mensch - und trotzdem glaubt ihr den Menschen und nicht Gott! - Ist denn das die Möglichkeit? Wo doch Gott seinen Sohn zwei Mal im Neuen Testament sogar öffentlich bezeugt hat, bei der Taufe und bei der Verklärung Jesu, also am Anfang und am Ende der Wirkungszeit Jesu, indem er gesagt hat: ‚Dies ist mein lieber Sohn, an dem ich Wohlgefallen habe'!"

Ertappt! Damit können wir Menschen denken, was wir wollen. Jesus Christus war und ist göttliche Realität, weil er von Gott selbst bezeugt wurde, und zwar so, dass es Menschen sehen und hören konnten! Und wir heute können es nachlesen, z.B. im ersten Brief des Johannes, aber auch im Rest der Bibel. Sie ist voll vom Zeugnis Gottes von seinem Sohn. Lesen Sie die Bibel einmal unter diesem Aspekt durch, dann werden Ihnen Kronleuchter aufgehen. Das Zeugnis von Jesus war für Johannes also nicht nur ein geschichtliches sondern auch ein göttliches Zeugnis!

3. Das persönliche Zeugnis von Jesus (Kap. 1,1-3)

„Was von Anfang an war, was wir gehört haben, was wir gesehen haben mit unsern Augen, was wir betrachtet haben und unsre Hände betastet haben, vom Wort des Lebens - 2 und das Leben ist erschienen, und wir haben gesehen und bezeugen und verkündigen euch das Leben, das ewig ist, das beim Vater war und uns erschienen ist -, 3 was wir gesehen und gehört haben, das verkündigen wir auch euch, damit auch ihr mit uns Gemeinschaft habt; und unsere Gemeinschaft ist mit dem Vater und mit seinem Sohn Jesus Christus."

Ich hoffe, dass Sie den Hintergrund des Briefes noch ein bisschen im Hinterkopf haben. Dann werden Sie realisieren können, warum Johannes gerade mit diesen Sätzen seinen Brief beginnt: Nämlich damit, dass er Jesus persönlich gesehen hat - mit den Augen betrachtet hat - mit den Händen betastet hat - und mit den Ohren gehört hat! Also ganz im Gegenteil zu den gnostischen Irrlehrern, die den Körper des Menschen von seinem Geist trennten, die von Jesus nur noch den Gott-Geist bestehen ließen, der in dem Menschen - Jesus - höchstens kurzzeitig anwesend war. Womit aber das Leben, Leiden und Sterben Jesu zu einem Mythos abgewertet würde. Darum ist es für Johannes ganz wichtig, dass er darlegen, ja fast beweisen kann, dass Jesus Christus von Nazareth eine reale, „Gott gleiche" und „Menschen gleiche" Person war und immer noch ist. Jesus ist nicht etwas vergängliches, wie wir Menschen sind. Jesus ist von Ewigkeit her, wahrer Gott und wahrer Mensch. Das ist wichtig! Er wird darin in heutiger Zeit sogar von einem jüdisch-orthodoxen Theologieprofessor bestätigt, der sagt: „Nichts aus dem Altertum ist so gut historisch bezeugt wie das Leben Jesu!"

4. Die Notwendigkeit des Zeugnisses von Jesus

Das Leben und Leiden Jesu ist historisch sehr gut belegt. Unzählige Bücher, Schriften und menschliche Zeugnisse aus Vergangenheit und Gegenwart belegen dies. Jetzt ist aber gerade das vielen Menschen eine Anklage wert. Sie rügen uns Christen gerade deshalb, weil wir so auf dem historischen Zeugnis von Jesu herumreiten. Sie fragen uns, warum es denn so wichtig sei, dass Jesus wirklich gelebt hat? Gegenfrage: Was wäre denn nicht geschehen, wenn Jesus nicht real auf dieser Erde gewesen wäre, wie es auch die Gnostiker publiziert haben?

Wenn Jesus nicht auf dieser Erde gewesen wäre, dann wäre er nicht geboren worden. Damit hätte er das Evangelium weder gelebt noch verkündigt. Wir hätten keine Augen- und Ohrenzeugen! Jesus wäre nicht für uns gestorben. Er wäre nicht auferstanden von den Toten, um uns Leben zu geben. Und Jesus wäre nicht zurück zum Vater in den Himmel gegangen, um uns dort zu vertreten.

Das aber hätte ungeahnte Folgen - gerade für den christlichen Glauben. Als erstes hinge unsere Zeitrechnung an einem Mythos, an einer Erfindung menschlichen Denkens. Aber wer richtet schon gerne seine Termine an einem Mythos oder Märchen aus? Uns reicht schon die Umstellung auf Sommer- und Winterzeit, oder?

Aber auch die Bibel wäre allenfalls eine reichhaltige Sammlung von Aussprüchen von Denkern, Dichtern und Philosophen. Sie hätte keine Ausstrahlungskraft, geschweige denn eine Kraft zur Veränderung von Menschen und Situationen! Die Bibel wäre nur ein Buch unter vielen, von denen es viel zu viele gibt. Das gesamte Erlösungswerk Jesu wäre nicht geschehen und die Arbeit der Kirchen und Gemeinden damit nur noch fromme Scharlatanerie. Den Leuten würde damit wirklich nur das Geld aus der Tasche gezogen, für nichts. Christsein wäre nur ein Zeitvertreib für ein paar Überflieger mit besonders religiöser Ader, ein Hobby für ein paar religiöse Spinner in der Realität einer glorreichen Welt.

Und Jesus wäre nicht von den Toten auferstanden und hätte damit auch dem Tod seine Macht nicht nehmen können. Damit gäbe es für uns Menschen kein ewiges Leben in der Umgebung des lebendigen Gottes. Alle Hoffnung eines Lebens nach dem Tod wäre dahin, und damit auch der Sinn des Lebens! Wir könnten uns dann genauso dem Hinduismus anschließen, bei dem der Mensch nur hoffen kann, dass er einmal - nach vielen Menschenleben - in dem Brahman - dem höchsten göttlichen Absoluten - aufgehen kann, wobei keiner weiß, wann dies wirklich der Fall sein wird. Also eine Hoffnung, wie die auf das Wetter von morgen.

Jesus wäre nicht zum Vater gegangen: Keine Himmelfahrt! Kein Fürsprecher beim Vater! Keiner, mit dem wir als Heilige zur Rechten des Vaters sitzen können! Wir müssten mit allen Sorgen und Problemen selbst zurechtkommen, genauso wie die Menschen, die heute ohne Gott in dieser Welt leben. Ja, wir könnten uns nicht einmal sicher sein, ob es diesen Vater überhaupt gibt, wenn die Sache mit seinem Sohn schon eine menschliche Erfindung ist.

Wenn wir dies alles bedacht haben, wird auch klar, warum Johannes am Ende dieses Briefes einen zum Teil sehr scharfen Ton an den Tag legt, indem er uns nur zwei Arten vorlegt, wie wir auf dieses umfassende Zeugnis reagieren können: Entweder dem Zeugnis Glauben schenken, oder nicht an das Zeugnis glauben! Er macht damit aber auch deutlich, dass es nur einen Weg gibt, den man gehen kann. Denn wer nicht an das Zeugnis glaubt, der macht Gott zu einem Lügner und stellt ihn damit auf eine Ebene mit dem Teufel, der als „Vater der Lüge" bezeichnet wird (Johannes 8,44).

Johannes will uns damit auch deutlich machen - und das können Sie in seinem Brief noch an manchen Stellen finden -, dass Menschen, die nicht an Jesus glauben - an sein Erlösungswerk - an seine Absolutheit -, für immer verloren gehen und nach dem Tod in der Hölle landen werden. Jesus sagt in Johannes 14,6:

> *„Ich bin der (einzige) Weg, die (einzige) Wahrheit und das (einzige) Leben; niemand kommt zum Vater, denn (nur) durch mich!"*

Das heißt, Ihre soziale Ader kann noch so gut ausgebildet sein, Sie können zehn Mal freundlicher sein als 20 Christen zusammen, Sie können noch so oft in die örtliche Kirche rennen, im diakonischen Werk mitarbeiten, Lebensmittel für die Tafel sammeln, viel Geld spenden, oder was es da sonst noch für fromme oder soziale Wirkungsfelder gibt.

Wer an Jesus vorbeigeht, geht auf ewig verloren! Damit will Johannes aber nicht mit dem Finger auf diese Menschen zeigen. Es geht ihm nicht darum, dass er sich besser hinstellt als die Menschen, die nicht an Jesus glauben oder Irrlehren verbreiten. Ganz im Gegenteil: Johannes will eben gerade nicht, dass Menschen verloren gehen. Und das womöglich nur deshalb, weil sie ein paar Irrlehrern auf den Leim gegangen sind. Nein, das soll und darf nicht so sein. Deshalb werden wir auch darauf hingewiesen, dass es auch einen anderen Weg gibt, nämlich diesem Zeugnis einfach zu glauben und es anzunehmen. Wer dies tut, der ist ganz fest mit Jesus verbunden! Und der hat dieses Zeugnis jetzt schon, solange er lebt (Kap. 5,11):

> *„Und das ist das Zeugnis, dass uns Gott das ewige Leben* (tatsächlich) *gegeben hat, und dieses Leben ist in seinem Sohn."*

Christen müssen sich damit nicht vertrösten bis zum „irgendwann", sondern haben all dies jetzt schon zur Verfügung. Und das ist auch die Schwerpunktaussage von Kap. 5,13, wo Johannes zu allen Christen sagt:

> *„Das habe ich euch* (tatsächlich) *geschrieben, damit ihr wisst, dass ihr das ewige Leben habt, die ihr* (beständig) *glaubt an den Namen des Sohnes Gottes."*

Jesus - nur ein Mythos - oder ist das Leben erschienen? - Das war ja unsere anfängliche Frage. Ich denke, Sie konnten feststellen, dass die Person Jesu sehr gut bezeugt ist. Ich bin mir sicher, dass mancher Lehrer hoch erfreut wäre, wenn sein Geschichtsbuch so gut belegt wäre, wie die Bibel. Und kein Schüler bezweifelt ein Geschichtsbuch.

Die Person, Jesus, ist also gut belegt. Aber die Worte der Bibel, und damit auch die Person Jesu, sind nicht hundertprozentig bewiesen, und das ist auch gut so. Damit kommt nämlich genau die Komponente ins Spiel, auf die es in der Bibel ankommt: Auf den Glauben.

Nur der, der dem Zeugnis von Jesus Glauben schenkt, der kann all das erleben, was in der Bibel bezeugt ist. Wer es allerdings nicht glauben will, der kann es auch nicht erleben. Aber der muss dann auch bereit sein, die persönlichen Konsequenzen zu tragen!

Im Licht leben - gesund werden!

(1. Johannes 1,5-10)

In einem Heim für mehrfach behinderte Kinder lebte ein blindes Mädchen. Unruhig tappte es am Spielzimmerfenster auf und ab. Wenn jemand das Kind fragte: „Mädchen, was suchst du denn?", antwortete sie: „Ich suche die Sonne!" In diesen Worten eines kleinen Mädchens ist die tiefste Sehnsucht des Menschen nach Licht zusammengefasst.

Alles Lebendige streckt sich dem Licht entgegen. Ein Beispiel dafür können Sie an den Blumenfenstern in manchen Häusern finden: Sie können die Blume hinstellen, wie Sie wollen, sie wird ihren Kopf immer in Richtung der Fensterscheibe drehen. Sie sucht das Licht. Sie sucht die Sonne. Ohne die Sonne gibt es kein Leben. Und was sucht der Mensch? Auch der Mensch sucht die Sonne, das Licht und die Wärme, den Glanz und die Klarheit.

Mir wird das immer wieder bewusst, wenn ich die Moderatoren beobachte, die das Wetter moderieren. Es ist ihnen fast peinlich, wenn sie Kälte, graue Wolken oder Regen vorhersagen müssen. Aber sie wirken sehr glücklich, wenn sie uns Wärme und Sonnenschein vorhersagen können, auch wenn dies schon 30 Tage nacheinander der Fall ist. Auch wir Menschen suchen nach Wärme und Licht. Das gilt auch für unser geistliches Leben: Unser Herz sucht nach der Wärme und dem Licht in einer Beziehung zu Gott.

Es sucht nach dem „Licht der Welt", wie sich Jesus einmal selbst bezeichnet hat. Doch viele wissen es nicht, oder wollen es auch gar nicht wissen. So sind die Augen der Menschen oft untauglich für das Licht der Welt und die Sonne des Lebens. Dementsprechend tappen sie wie ein Blinder durch die Welt, auf der Suche nach Sonne. Aber wie ist das, wenn Menschen lange Zeit keine Sonne sehen? Für viele Menschen sind Herbst und Winter die schlimmsten Jahreszeiten; man nennt sie deshalb auch die finstere Jahreszeit. Es gibt zu viele Regen-, Schnee- und Wolkentage. Menschen werden depressiv, wenn sie die Sonne nicht sehen, dazu kommt noch der Vitaminmangel.

Im Licht leben - gesund werden!

Wer zu lange ohne Sonne lebt, dem fehlt das Vitamin D, welches dafür verantwortlich ist, das Leben des Menschen zu verlängern, weil es das Herz und die Abwehrkräfte stärkt und das Krebsrisiko verringern soll. Gleiches gilt für das geistliche Leben: Wir Menschen benötigen unbedingt das Vitamin D des Himmels; D wie Dreieinigkeit: Gott-Vater, Gott-Sohn und Gott-Heiliger Geist! Ohne das Vitamin D des Himmels wird kein Mensch eine Sonne in seinem Leben sehen. Und damit sinken die Chancen auf ein heiles Leben hier auf dieser Erde, und ein ewiges Leben, an der Seite des Vaters im Himmel! Darum dieses Thema: „Im Licht leben - gesund werden!"

Ich zitiere dazu einen Text aus 1. Johannes 1,5-10:

> *„Und das ist die Botschaft, die wir von ihm gehört haben und euch verkündigen: Gott ist Licht, und in ihm ist keine Finsternis. 6 Wenn wir sagen, dass wir Gemeinschaft mit ihm haben, und wandeln in der Finsternis, so lügen wir und tun nicht die Wahrheit. 7 Wenn wir aber im Licht wandeln, wie er im Licht ist, so haben wir Gemeinschaft untereinander, und das Blut Jesu, seines Sohnes, macht uns rein von aller Sünde. 8 Wenn wir sagen, wir haben keine Sünde, so betrügen wir uns selbst, und die Wahrheit ist nicht in uns. 9 Wenn wir aber unsre Sünden bekennen, so ist er treu und gerecht, dass er uns die Sünden vergibt und reinigt uns von aller Ungerechtigkeit. 10 Wenn wir sagen, wir haben nicht gesündigt, so machen wir ihn zum Lügner, und sein Wort ist nicht in uns."*

Nehmen wir einmal an, Sie würden im Rahmen einer Umfrage gefragt werden: „Worin besteht der Unterschied im Lebenswandel zwischen einem Menschen, der an Jesus glaubt (Christ) und einem Menschen, der nicht an Jesus glaubt (Ungläubiger)?

Manche würden vielleicht antworten, dass Ungläubige rauchen, aber Christen nicht, dass Ungläubige Alkohol trinken, aber Christen nicht, dass Ungläubige fluchen und lügen, aber Christen nicht; oder, dass Ungläubige lieblos wären, aber Christen nicht, usw. Beobachtet man jetzt aber diese Menschen genauer, die nicht an Jesus glauben, kann man sehr oft feststellen, dass Ungläubige viel sozialer und freundlicher sind als Christen; dass Ungläubige oft viel spendenfreudiger sind als

Christen; dass Ungläubige manchmal viel religiöser eingestellt sind als Christen; und manche haben sogar eine viel positivere Lebenseinstellung als Christen! Einmal ganz abgesehen davon, dass es auch unter Christen normal geworden ist, dass man nicht allein von Jesus abhängig ist, sondern auch von Alkohol, Tabak, Videospielen, Fernsehserien, übermäßigem Essen, usw.

Darum ist es nur zu verständlich, dass manche Menschen zu grinsen anfangen, wenn ein Christ kommt und einem Ungläubigen versucht klar zu machen, dass ihm noch das Entscheidende fehlt, was Christen hätten. Was sollte ihm denn fehlen? Bei der Bestandsaufnahme von eben? Oder bei dem, was unser Land so zu bieten hat, bei allen Schönheitsfehlern, die jedes Land hat, in dem Menschen leben. Was soll den Menschen da noch fehlen, was sie nicht schon hätten? Und wenn man dann die Christen und ihre Gemeinden anschaut, dann muss man sich deren zusätzliche Probleme nicht auch noch aufhalsen!

Wo ist dann aber der Unterschied zwischen beiden Personengruppen? Der wirklich entscheidende Unterschied? Ich will es Ihnen sagen: Der Christ hat in seinem Leben eine Linie überschritten, an der er sich bewusst gemacht hat, dass er ein Sünder ist, der vor Gott nicht bestehen kann. Er hat realisiert, dass er als Mensch todkrank ist! In Römer 6,23 begründet der Apostel Paulus warum dies so ist. Er sagt: *„Denn der Sünde Sold ist der Tod...!"* Und da wir Menschen schon als Sünder auf die Welt kommen, ist das aus geistlicher Sicht zunächst einmal eine Todgeburt. Wir sind geistlich tot und leben auf einen ewigen Tod zu, wenn sich im Leben nichts ändert!

Deshalb braucht der Mensch Erlösung, Befreiung und Heilung! Und das gilt auf jeden Fall grundsätzlich. Ganz egal, ob ein Mensch, der nicht an Jesus glaubt, darüber nachdenkt oder dies anerkennt oder nicht. Damit geht es in meinen Ausführungen um ein Grundprinzip im Leben eines jeden Menschen. Da ist keiner ausgenommen - ob er an Jesus glaubt oder nicht. Und das heißt auch, dass der Unterschied zwischen einem Christen und einem Ungläubigen erst dadurch sichtbar wird, wie der Mensch auf Erlösung, Befreiung und Heilung reagiert. Dies würde bedeuten, dass er sich eingestehen muss, dass er wirklich verloren ist, und dass er - wie Jesus sagt (Johannes 15,5) ohne ihn wirklich nichts tun kann. Bevor ich darauf allerdings näher eingehe, möchte ich kurz ein paar Randfragen erörtern, die uns helfen, den Bibeltext etwas besser zu verstehen.

Manche von Ihnen wissen, dass sich dieser erste Brief des Johannes vor allem gegen den Einfluss von Irrlehrern auf die Gemeinden in der Provinz Kleinasien richtet. Johannes deutet dies in Vers 6 an: Diese Irrlehrer behaupten, dass sie in ganz enger Gemeinschaft mit Gott leben, obwohl jeder so lebt, wie er es selbst möchte. In Vers 8 geht Johannes darauf ein, dass sie sogar behaupten, dass sie nicht mehr sündigen können! Doch wir merken schnell - an dem, was Johannes sagt -, dass sie das, was sie sagen, nicht leben! An ihrem Lebenswandel kann man ablesen, dass sie eben doch sündigen - und nicht, wie sie sagen, ein Leben ohne Sünde leben.

Wer jedoch ein Leben nach eigenem Gutdünken lebt, oder das mit dem Sündigen nicht ganz so eng sieht, der kann nicht damit rechnen, dass es zu einer engen und intimen Gemeinschaft mit Gott kommen könnte! Und das gilt grundsätzlich, ganz egal, ob jemand an Jesus glaubt oder nicht. Warum das so ist, darauf kommen wir jetzt, wenn wir über das Licht reden: *„Gott ist Licht"*, steht in Vers 5. Doch was bedeutet das? Ich zitiere dazu ein paar Bibelstellen:

Psalm 36,10: *„In deinem Licht, sehen wir das Licht...!"* Dies könnte man auch als eine Anspielung auf Jesus sehen: In deinem Licht - o Gott - können wir Jesus sehen!

In Psalm 90 geht es um unerkannte Sünde, die durch das Licht Gottes erst einmal zu Tage tritt. In Lukas 2 geht es um das Licht, das die Heiden erleuchtet, ihnen also zeigt, wer sie genau sind, in ihrem Verhältnis zu Gott.

Oder in Johannes 8,12, wo steht: *„Ich bin das Licht der Welt! Wer mir nachfolgt, der wird nicht wandeln in der Finsternis, sondern das Licht des Lebens haben!"* Das Licht als Spender des ewigen Lebens! Oder auch die Waffen des Lichts, zur Verteidigung gegen die Angriffe von satanisch, dämonisch inspirierten Feinden (Römer 13).

Und dann kommt noch 2. Korinther 6, wo ganz deutlich wird, dass es keine Gemeinschaft geben kann zwischen Licht und Finsternis! Das bestätigt auch Vers 5 in unserem Text, in dem es wörtlich heißt: *„Gott ist Licht, und nicht ist keine Finsternis in ihm"*. Das könnte natürlich im

Im Licht leben - gesund werden!

Deutschen missverstanden werden: *„...nicht ist keine Finsternis in ihm"* würde in unserer Sprache bedeuten, dass aufgrund der doppelten Verneinung doch noch Finsternis bei Gott wäre. Aber in der griechischen Sprache sagt diese Wortstellung aus, dass in Gott noch nicht einmal eine Spur von Finsternis ist. Gott ist reines pures Licht, ohne einen Hauch von Finsternis. Wer schon einmal direkt in die Sonne geschaut hat, der hat - vielleicht sogar schmerzhaft - erleben dürfen, was reines Licht ist.

Aber selbst die Sonne gibt nur ein Bruchteil des Lichtes wieder, was das Licht Gottes ausmacht. Beim Licht Gottes gibt es keine Schatten. Da gibt es keine dunklen Felder, von denen keine Licht ausgehen kann, weil die Finsternis mitspielt: *„Gott ist Licht und nicht ist keine Finsternis in ihm!"* Hier wird uns von Johannes sehr deutlich gesagt, dass es keine Grauzone gibt zwischen Licht und Finsternis, zwischen der Lebenssphäre, in der das Gute regiert und der Lebenssphäre, in der das Böse regiert. In der Konsequenz bedeutet dies, dass wer in Gemeinschaft mit Gott leben will, nicht bewusst in Sünde leben kann. Gott, als das Licht, kann keine Gemeinschaft mit der Finsternis haben - oder mit Menschen, die bewusst in der Finsternis der eigenen Sünde leben.

Das gilt auch für diese Irrlehrer, die in der Gemeinde vorgeben, Christen zu sein, die aber nicht dem Evangelium gemäß leben möchten. Doch niemand kann behaupten, in enger Gemeinschaft mit Gott zu leben, wenn er auf der anderen Seite noch bewusst in Sünde lebt. Das ist gottlos. Das geht nicht! Licht kann mit Finsternis nicht zusammen. Das gilt nicht nur für diese Irrlehrer, sondern für jeden Menschen, der an Jesus Christus glaubt und sein Jünger und Nachfolger ist.

Kein Nachfolger Jesu kann von sich behaupten, dass er ein Leben in enger Gemeinschaft mit Gott lebt, wenn er auf der anderen Seite noch bewusst an seinen sündhaften Gewohnheiten und Lebensweisen festhalten möchte. Lassen Sie mich erklärend noch etwas dazu sagen. Manche erschrecken bei solchen Sätzen und haben Angst davor, total von Gott getrennt zu werden, weil sie das Potential in sich haben, jederzeit eine Sünde zu begehen oder einen Fehler zu machen. Darum geht es hier aber nicht!

Darum betone ich auch so sehr, dass es um ein bewusstes Leben in Sünde geht, das uns von Gott trennt, auch wenn wir uns Christen nennen! Wenn mir eine Sünde unterläuft, wie es bei mir einmal vor einem Gottesdienst der Fall war:

Das Lobpreisteam hatte eine Probe und eine der Musikerinnen hatte mit einem Liedtext inhaltliche Probleme. Ich antwortete ihr darauf sehr lieblos und nahm ihr dadurch die Ehre, die wir Menschen schenken können. Damit war eine Sünde in den Raum gekommen, die natürlich einen Schatten auf mein Herz warf. Die mich aber nicht sofort von Jesus trennte. Sonst hätte die Stimme des Heiligen Geistes nicht mehr zu mir durchdringen können. Und diese leise Stimme hatte mich dazu motiviert, diese Sache noch vor dem Gottesdienst, vor dem gesamten Lobpreisteam wieder in Ordnung zu bringen.

Das Problem war nicht die Sünde, die geschehen war. Jesus ist am Kreuz auf Golgatha für alle unsere Sünden gestorben. Uns ist vergeben! Wer aber seine Sünde vor Gott nicht bekennt, sondern in seiner Sünde bewusst weiter lebt und womöglich noch neue Sünde aufhäuft, für den gilt dieser Satz, dass er sich damit aus dem Licht Gottes bewegt, auch wenn er von sich behauptet, er würde noch im Licht Gottes leben! Er führt dann ein absurdes Leben, was man ihm auch anmerken wird.

Wenn ich also diesen Abschnitt kurz zusammenfassen darf: Sünde ist und bleibt etwas Negatives und Zerstörerisches, das wir nicht auf die leichte Schulter nehmen dürfen, und das auch Gott nicht auf die leichte Schulter nimmt. Wir werden mit Sünde nicht leichtfertig umgehen, hat sie doch Jesus Christus das Leben gekostet! Dennoch ist die Sünde an sich nicht unser Problem, weil sie von Jesus Christus, am Kreuz auf Golgatha, voll und ganz getragen und uns voll und ganz vergeben wurde. Dazu komme ich gleich noch einmal, wenn ich mich mit Vers 9 aus unserem Text befassen werde.

Hier möchte ich nur sagen, dass die Vergebung durch Jesus Christus vollkommen war und ist. Manche sagen, dass uns Jesus unsere vergangenen, gegenwärtigen und zukünftigen Sünden vergibt. Das impliziert aber, dass die vergangenen aufgearbeitet werden, die gegenwärtigen bewusst und die zukünftigen vermieden werden müssen. Aber wie ist es wirklich um unsere Vergebung bestellt? Jesus starb um ca. 33 nach Christus. Wenn man es genau nimmt, dann waren alle Ereignisse, die nach 33 nach Christus lagen, aus der Sicht Jesu in der Zukunft, oder? Ich glaube, das ist richtig. Das bedeutet, dass auch mein Leben und alles was mein Leben ausmacht, aus der Sicht Jesu noch in der Zukunft lag, oder? Und jetzt lassen Sie uns zwei Bibelstellen unter dieser Vorgabe lesen, zuerst Micha 7,19:

> *„Er wird sich unser wieder erbarmen, unsere Schuld unter die Füße treten und alle unsere Sünden in die Tiefen des Meeres werfen."*

Das wurde uns vom Propheten Micha zugesagt zur Zeit des alten Bundes, also noch bevor Jesus auf diese Erde kam, um dieses prophetische Wort Realität werden zu lassen. Und weil Gott kein Lügner ist, befinden sich damit - seit dem Tod und der Auferstehung Jesu - alle unsere Sünden in den Tiefen des Meeres! Dazu noch Hebräer 8,12:

> *„Denn ich will gnädig sein ihrer Ungerechtigkeit, und ihrer Sünden will ich nicht mehr gedenken."*

Wenn ich an den Mariannengraben denke: Das ist die tiefste Stelle im Meer. Der Graben befindet sich im westlichen Pazifischen Ozean, in der Nähe der mikronesischen Inseln; das ist nördlich von Australien und östlich der Philippinen, für alle, die so gut in Geographie sind, wie ich! Dieser Mariannengraben ist ca. 11 km tief, 11.000 Meter unter dem Meeresspiegel. Genau dort befinden sich Ihre Sünden. Und oben auf dem Meeresspiegel schaukelt eine Boje mit einer Fahne, auf der steht: Angeln verboten! Denn Gott selbst holt keine der Sünden mehr hervor, die vergeben sind.

Er will ihrer nicht mehr „gedenken", oder wörtlich übersetzt: „Sich nicht mehr an sie erinnern!" Demnach gibt es keine vergangene Sünde, die aufgearbeitet werden müsste. Gott sagt: „Was für eine Sünde sollte es geben? Seit dem Tod und der Auferstehung meines Sohnes kann ich mich an keine Sünde mehr erinnern!" Was es allerdings noch gibt, das sind Verletzungen und Wunden, oder auch negative Konsequenzen, die sich aus einem Fehlverhalten ergeben haben. Um die muss man sich schon noch kümmern. Kein Mensch würde einen anderen einfach im Stich lassen, wenn dieser verletzt oder verwundet ist. Das gilt nicht nur für den Leib sondern auch für die Seele!

Aber nochmal: Das heißt nicht, dass wir mit Sünde leichtfertig umgehen, nur weil Gott uns zugesichert hat, dass unsere Sünde vergeben ist, seit Jesus Christus am Kreuz dafür gestorben ist. Wir nehmen Sünde ernst, weil sie den Menschen kaputt macht, krank macht, und das Potential in sich trägt, den Menschen von Gott zu trennen! Deshalb gibt es in diesem Textabschnitt des ersten Johannes-Briefes auch den Vers 9, den ich kurz zitieren möchte:

> *„Wenn wir aber unsre Sünden <u>bekennen</u>, so ist er treu und gerecht, dass er uns die Sünden <u>vergibt</u> und <u>reinigt</u> uns von aller Ungerechtigkeit."*

Diesen Satz aus dem Johannes-Brief habe ich - glaube ich - schon mit der Muttermilch eingesogen. Die Aussage dieses Satzes wird von den meisten Auslegern einfach auf den Christen bezogen, der seine Sünden bekennen und um Vergebung bitten soll, damit ihm vergeben und er gereinigt wird. Was dabei aber vergessen wird ist, welchem Zweck dieser Brief gedient hat. Er war an die Gemeinde gerichtet, um sie vor Irrlehren zu schützen. Vor Menschen, die behaupteten, dass sie überhaupt nicht sündigen und dass sie mit ihrem selbstgesteuerten Leben voll und ganz im Licht Gottes leben.

Johannes sagt uns, dass wir nicht davon ausgehen sollen, dass wir nicht sündigen können. Wir sind in der Lage zu sündigen, wie jeder Wasserhahn dazu in der Lage ist, Wasser zu geben. Es gibt kein absolut sündloses Leben. Das ist eine völlig unrealistische Vorstellung! Und die Bibel ist alles andere als unrealistisch. Sie spiegelt das reale Leben wider und gibt uns deshalb als Christen etwas an die Hand, das uns vor Irrlehren bewahren und uns gleichzeitig zeigen soll, wie es richtig gehen kann. Wenn es um den Umgang mit Sünde geht, zeigt uns dies der Vers 9, in 1. Johannes 1.

Wir haben es hier mit drei Verben zu tun, die ich unterstrichen habe. Es geht um bekennen, vergeben und reinigen. In der griechischen Sprache sind Verbformen eine ganz wichtige Sache, weshalb ich mir die Verbformen dieser drei einmal etwas genauer angeschaut habe. Mit dem Ergebnis, dass es 2 zu 1 steht: Zwei Verben haben die gleiche Verbform, und das dritte eine andere. Die beiden Verben „vergeben" und „reinigen" haben eine Verbform, die es in der deutschen Sprache nicht gibt. Es ist eine Verbform, die anzeigt, dass es sich bei der Aussage des Verbs um eine einmalige Sache handelt, die nicht wiederholt wird. Bei dem Verb „bekennen" handelt es sich um die Verlaufsform des Verbs in der Gegenwart. Das bedeutet, dass diese Sache immer wieder geschehen kann bzw. getan wird. Wenn wir es uns also genauer anschauen, dann geht es darum, dass wir unsere Sünden bekennen. Und zwar immer dann, wenn sie geschehen sind. Ein Vorgang, der immer wieder nötig ist, weil wir sündigen und weil wir im Licht Gottes leben möchten. Und wer seine Sünde bekennt, der sagt damit zu Gott: „Ich stehe dazu. Ich habe es getan. Es tut mir leid." Das nennt man auch „Buße tun". Das ist alles andere, als ein billiger Umgang mit Sünde!

Wie ist es dann mit Vergebung und Reinigung? Nach den beiden Verben ist dies ein einmaliger Vorgang, der nicht wiederholt werden muss. Ich muss bei Gott nicht um Vergebung meiner Sünden bitten, denn dieser allmächtige und herrliche Gott hat in Jesus Christus alle Sünde der Welt getragen und vergeben! Und jedem, der seine Sünde bekennt, dem ist schon vergeben worden, dort am Kreuz auf Golgatha. Wenn ich also meine Sünde bekenne, dann nehme ich das vollendete Werk Jesu am Kreuz auf Golgatha in Anspruch. Gott sagt immer: „Deine Sünden sind dir vergeben!"

Erinnern Sie sich an Hebräer 8,12: *„Denn ich will gnädig sein ihrer Ungerechtigkeit, und ihrer Sünden will ich nicht mehr gedenken"*. Die Bibel legt sich immer selbst aus, das ist ein Prinzip der Schriftauslegung. Hier geht es um Sünde und Ungerechtigkeit, an die sich Gott nicht mehr erinnern kann. Er hat es vergessen! Nicht weil er vergesslich ist, wie wir Menschen, sondern weil er es vergessen gemacht hat, für sich selbst. Vergessen wir nicht: Gott ist allmächtig. Er kann so etwas, was wir uns vielleicht gar nicht vorstellen können. Paulus schreibt dazu in 1. Korinther 1,30:

> *„Durch ihn aber seid ihr in Christus Jesus, der uns von Gott gemacht ist zur Weisheit und zur Gerechtigkeit und zur Heiligung und zur Erlösung."*

Es geht um Gerechtigkeit - gerecht sein vor Gott - und nicht um Ungerechtigkeit. Es geht um Erlösung - befreit sein von Sünden - und nicht um Sünde. Und es geht um Heiligung, was einfach bedeutet, ein Leben zu führen, das sich von der leisen Stimme des Heiligen Geistes führen lässt. Heilig zu sein, heißt abgesondert zu sein, für Gott.

Für den einen oder anderen unter Ihnen ist das vielleicht etwas völlig Neues. Ich habe es bis zu meinem fünfzigsten Lebensjahr auch völlig anders gesehen. Das hat aber dazu geführt, dass ich ein sehr Sündenbewusstes Leben geführt habe. Mein Inneres war ständig auf Sünde ausgerichtet. Meine inneren Antennen waren immer darauf ausgerichtet, was ich als Nächstes wieder falsch machen werde. Oder hatte ich nicht schon etwas falsch gemacht? Denn das musste bekannt werden! Dafür musste ich um Vergebung bitten, in der Hoffnung, dass mir dann vergeben wird und ich wieder gereinigt weiter gehen darf.

Aber wo in der Bibel wird uns gesagt, dass wir unsere Augen und unser Inneres auf die Sünde ausrichten sollen? Auch wenn es darum geht, der Sünde zu widerstehen und ein reines Leben zu führen? Wissen Sie, was uns in der Bibel gesagt wird? Sie können es in Hebräer 12,1-2 nachlesen:

> *„Lasst uns laufen mit Geduld in dem Kampf, der uns bestimmt ist, 2 und aufsehen zu Jesus, dem Anfänger und Vollender des Glaubens."*

Unsere Augen auf Jesus richten, das wird uns gesagt. Vielleicht kennen Sie die Geschichte von den Jüngern Jesu, als Jesus ihnen bei Nacht, mitten auf dem See erschien. Petrus fragte Jesus, ob er zu ihm auf das Wasser kommen dürfte. Und Jesus rief ihn zu sich. Wissen Sie, in welchem Moment Petrus anfing zu sinken? Als er anfing, auf die Wellen des Meeres und auf den Wind zu achten. Das bedeutete, dass er seine Augen von Jesus abgewandt hatte. Das hatte ihn ins Straucheln gebracht: Der Blick weg von Jesus auf die Dinge, die eine mögliche Gefahr für ihn hätten sein können.

Ich sage es noch einmal: Sünde ist keine Lappalie. Wer mit falschem Verhalten, schlechten Gewohnheiten, Lügen, Heuchelei, sexuellem Fehlverhalten, usw. locker umgeht, als wäre es nichts, der macht Gott zum Lügner (siehe 1. Johannes 1,10). Aber das bedeutet nicht, dass wir Sünde so überbewerten dürfen, dass wir dabei Jesus aus den Augen verlieren. Ich muss für mich selbst sagen, dass mir diese Erkenntnis unendlich gut getan hat. Und ich habe schon von manchen Menschen gehört, die diese Erkenntnis regelrecht geheilt hat.

Darum habe ich auch das Thema so genannt: „Im Licht leben - gesund werden!" Dabei ging es nicht um das Thema „Heilung des Körpers", wie manche es evtl. erwartet haben. Und doch ging es um Ihre

Heilung. Aber um eine Heilung, die von innen heraus kommt, weil wir uns selbst und Gott gegenüber ehrlich sind.

Wir sind uns gegenüber ehrlich, wenn wir den Irrlehren nicht auf den Leim gehen, die jede Sünde zu einer Bagatelle machen. Als wäre es kein Problem, sich das eine oder andere zu leisten. Doch jede einzelne Sünde hat Jesus das Leben gekostet, und darum nehme ich sie ernst und bin auch bereit dazu zu stehen, wenn ich Fehler gemacht habe. Hinter dem Wort „Sünde" steht das Bild eines Bogenschützen, der zielt, feuert und sein Ziel verfehlt. Wer sündigt, der verfehlt damit die Ziele Gottes mit seinem Leben. Das sollte Grund genug sein, dies vor Gott immer dann zu bekennen, wenn es geschehen ist. Auch wenn es mehrmals am Tage ist.

Wir sind Gott gegenüber ehrlich, wenn wir sein vollendetes Werk am Kreuz auf Golgatha anerkennen und ihm glauben, dass er unsere Sünden in die Tiefen des Meeres versenkt hat. Es geht nicht mehr um Sünde und Ungerechtigkeit. Diese sind vergeben und gereinigt. Es geht um Erlösung und Gerechtigkeit! In Christus Jesus sind wir erlöst, befreit, geheilt und gerecht gemacht vor Gott. Das sagt uns sein Wort. Wenn Sie dies akzeptieren und Ihren Blick dabei immer bei Jesus lassen und seinem vollendeten Werk, dann werden Sie erleben, wie die innere Heilung Ihres Herzens voranschreitet. Ich schließe mit 1. Johannes 1,7:

> *„Wenn wir aber im Licht wandeln, wie er im Licht ist, so haben wir Gemeinschaft untereinander, und das Blut Jesu, seines Sohnes, macht uns rein von aller Sünde."*

In diesem Sinne wünsche ich Ihnen ein beständiges Jesus-Bewusstsein, in dem Ihr Leben voranschreitet und Sie innere und äußere Heilung erleben!

In Jesus bleiben - versöhnt leben!

(1. Johannes 2,1-6)

Nach der russischen Revolution 1917 tobte mehrere Jahre ein erbitterter Bürgerkrieg zwischen der konservativen Bevölkerung - den Weißen - und den Kommunisten - den Roten -. Zu dieser Zeit ging ein orthodoxer Priester eine Straße entlang, als er sah, wie Soldaten der Weißen einen Roten Soldaten an einen Baum banden, um ihn hinzurichten. Der Offizier des Exekutionskommandos sah den Priester und grüßte ihn mit dem üblichen Gruß in Russland: „Segne uns, Vater!" Der Priester antwortete: „Ich kann keinen Mord segnen!" Die Weißen, durch die Worte des Priesters betroffen, ließen daraufhin ihren Gefangenen frei.

Einige Zeit später rief eine Frau den gleichen Priester zu ihrem sterbenden Sohn, damit er ihm die Sterbesakramente verleihe. Als der Priester das Haus betrat, schrie der Sohn wütend: „Ich will keinen Priester. Diese Bösewichte sollen alle umgebracht werden. Ich bin Kommunist. Ich kann Priester nicht ausstehen!" Doch dann erkannte er in dem Mann den Priester, der ihm neulich das Leben aus der Hand der Weißen gerettet hatte. „Du hast mir das Leben gerettet. Aber ich hatte den Auftrag, dich umzubringen. Siehst du das Messer auf dem Tisch? Wenn du das gewusst hättest, hättest du mir dann immer noch das Leben gerettet?" Der Priester antwortete: „Auch dann hätte ich keinen Mord gesegnet, denn Gott hat für uns alle Vergebung und Liebe bereit. Seine Liebe ist stärker als der Tod. Nun hat mich Gott ein zweites Mal zu dir geschickt, um dich zu retten." Kurze Zeit später starb der Mann. Doch der ganze Hass war aus seinem Leben gewichen und hatte der Liebe und Versöhnung Gottes Platz gemacht.

Genau darum soll es hier gehen: In Jesus bleiben heißt: Versöhnt leben! Wenn wir heutzutage von Versöhnung reden, verbinden manche unserer Mitmenschen damit eine ganz bestimmte Vorstellung: Bei einigen bedeutet Versöhnung einfach, dass man Gras über einer Sache wachsen lässt. Manche reden erst dann von eigener Versöhnung, wenn sie so lange über das Problem geredet haben, bis der andere davon überzeugt ist, dass er an allem Schuld ist. Und andere sind dann versöhnt, wenn sie dem anderen einfach nicht mehr begegnen! Doch wenn ich mir diese Arten von Versöhnung durch Kopf und Herz gehen lasse, dann bleibt immer eine Art bitterer Nachgeschmack. Es sind einfach nicht die richtigen Methoden, um menschliche Probleme zu lösen. Die Ergebnisse dabei sind mir einfach zu herzlos und zu lieblos, weil dabei Menschen auf der Strecke bleiben.

Was heißt also „Versöhnung" bzw. „versöhnt leben"? Um dieser Frage nachgehen zu können, zitiere ich einen Text aus 1. Johannes 2,1-6:

> *„Meine Kinder, dies schreibe ich euch, damit ihr nicht sündigt. Und wenn jemand sündigt, so haben wir einen Fürsprecher bei dem Vater, Jesus Christus, der gerecht ist. 2 Und er ist die Versöhnung für unsre Sünden, nicht allein aber für die unseren, sondern auch für die der ganzen Welt. 3 Und daran merken wir, dass wir ihn kennen, wenn wir seine Gebote halten. 4 Wer sagt: Ich kenne ihn, und hält seine Gebote nicht, der ist ein Lügner, und in dem ist die Wahrheit nicht. 5 Wer aber sein Wort hält, in dem ist wahrlich die Liebe Gottes vollkommen. Daran erkennen wir, dass wir in ihm sind. 6 Wer sagt, dass er in ihm bleibt, der soll auch leben, wie er gelebt hat."*

Karl ist Christ geworden und macht in seinem Betrieb auch keinen Hehl daraus. Er will seinen Glauben einfach bekennen. Das aber führt dazu, dass ihn seine Kollegen im Betrieb damit aufziehen: „So Karl, du bist also unter die ganz Frommen gegangen - bist Christ geworden. Dann werden wir ja jetzt richtig schöne Tage mit dir erleben können, weil du ja ab sofort nicht mehr sündigst - oder?" „Da liegt ihr aber total falsch", kommt als spontane Antwort, „ich habe nämlich auch noch Sünde in meinem Leben". Mit dieser Antwort hatten seine Kollegen nicht gerechnet und sagten: „Und was nützt dir dann der ganze fromme Kram?" Darauf sagte Karl: „Ich lebe jetzt angenehmer, denn früher suchte ich die Sünde und fühlte mich schlecht, doch heute lebe ich gerne ohne sie, auch wenn ich ihr dennoch manches Mal nachgebe".[5]

Wenn es also nach den Kollegen ginge, sündigen die Frommen nie

---

[5] Vgl. Krimmer, Heiko: Edition-C-Kommentar zum 1. Johannes-Brief, 44.

mehr. Karl meinte jedoch, dass es dennoch passieren könnte. Und beide Parteien haben Recht. Johannes drückte es gegenüber den Christen in den Gemeinden in Kleinasien so aus: *„Ich schreibe euch, damit ihr nicht sündigt. Und wenn jemand sündigt, so haben wir..."* Das Erlösungswerk Jesu wird damit nicht zum Freibrief zum Sündigen. Sollte es aber dennoch geschehen, dürfen sich Gottes Kinder dessen bewusst sein, dass die Liebe und Güte Gottes mit ihnen ist, die ihnen längst vergeben hat. Frei nach dem Motto des Paulus in Römer 2,4: *„Weißt du nicht, dass dich Gottes Güte zur Buße leitet?"*

Wenn wir hier also von Versöhnung reden - und so viel darf ich schon vorwegnehmen -, dann reden wir in erster Linie von der Versöhnung zwischen Gott und den Menschen. Wenn es diese nicht gibt, wird es auch keine Versöhnung zwischen den Menschen geben. Deshalb geht es um Versöhnung zwischen Gott und den Menschen. Doch können Menschen diese Versöhnung zustande bringen? Eine Antwort dazu erhalten Sie in 1. Timotheus 2,5:

> *„Denn es ist ein Gott und ein Mittler zwischen Gott und den Menschen, nämlich der Mensch Christus Jesus, der sich selbst gegeben hat für alle zur Erlösung."*

Vielleicht spüren Sie, wie diese Sache Ihren Händen förmlich entgleitet. Also mir persönlich geht es dabei so: Ich stehe daneben und staune, was Gott alles organisiert hat, um mich mit ihm selbst zu versöhnen und wie wenig ich daran beteiligt war. Er hat seinen Sohn, Jesus Christus, als einzigen Vermittler zwischen Gott und den Menschen eingesetzt!

Nebenbei bemerkt ist das der Knock-Out für alle Religionen und religiöse Strömungen, die den Menschen einen Weg in den Himmel, das Paradies, das Nirwana oder sonst irgendetwas versprechen. Wenn wir also nicht nur staunend daneben stehen, sondern mitkommen möchten, hilft es uns vielleicht, unser Thema für kurze Zeit umzustellen.

Es heißt dann: „Versöhnt leben heißt: In Jesus bleiben!" Und damit wird es spannend für alle Kinder Gottes, die Jesus wirklich von Herzen nachfolgen möchten. Für diese stellt sich hier die Frage: Was heißt das, „In Jesus bleiben?" Eine Antwort auf diese Frage scheint mir der Schlüssel zum Thema „Versöhnung" zu sein. Darum möchte ich es unter drei Gesichtspunkten anschauen:

In Jesus bleiben - versöhnt leben!

1. In Jesus bleiben heißt: Unserem Herrn zuliebe leben!

Dazu fragen wir uns zuerst: Was sagt die Bibel eigentlich darüber, wenn Christen sündigen? Schauen wir in das Alte Testament der Bibel:

1. Könige 8,46: *„Wenn sie an dir sündigen werden - denn es gibt keinen Menschen, der nicht sündigt..."* Davon ist keiner ausgenommen, jeder Mensch ist zunächst einmal ein Sünder, wenn er auf die Welt kommt!

In Psalm 51,6 sagt David: *„An DIR allein habe ich gesündigt!"* Wenn also Sünde geschieht, dann richtet sich diese zwar augenscheinlich meist gegen Menschen. Aber in Wirklichkeit wird sich Sünde immer gegen Gott und seinen Willen richten. Denken Sie an das Bild, das sich hinter Sünde verbirgt: Der Bogenschütze, der sein Ziel verfehlt!

Und das zieht nach sich, was wir in Hesekiel 18,4 lesen können: *„Jeder, der sündigt, soll sterben."* Darin bestätigt sich eigentlich nur das, was damals schon zu Adam und Eva im Paradies gesagt wurde (1. Mose 2,17): *„Von dem Baum der Erkenntnis des Guten und Bösen sollst du nicht essen; denn an dem Tage, da du von ihm isst, musst du des Todes sterben."*

Damals im Paradies gab es die erste Zielverfehlung zweier Menschen, die nicht nur haarscharf am Ziel Gottes vorbei ging sondern gänzlich und nicht umkehrbar. Und deshalb muss jeder Mensch sterben, wegen der Sünde. Stellen Sie sich einmal vor, wie das eigentlich sein müsste: Ihnen geht ein liebloser Gedanke durch den Kopf, dem Sie zustimmen. Und schon müssten Sie tot umfallen. Sie haben gesündigt! Sie überlegen sich, wie Sie aus einer bestimmten Situation herauskommen, und legen sich dafür eine Lüge zu Recht, die Sie aussprechen. Und schon müssten Sie tot umfallen, weil Sie gesündigt haben!

Wenn Sie sich dies vor Augen führen, können Sie jeden Morgen mit großer Dankbarkeit aufwachen über die Gnade Gottes, die Sie am Leben lässt! Ich finde, Jesus macht einen erstklassigen Vermittlerjob zwischen Gott und den Menschen! Danke, Jesus, dass ich leben darf!

Und jetzt schauen wir uns ein paar Schlaglichter im Neuen Testament der Bibel an, bei denen es mehr um den Umgang mit Sündern und der Sünde geht.

In Jesus bleiben - versöhnt leben!

1. Johannes 2,1: *„Meine Kinder, dies schreibe ich euch, damit ihr nicht sündigt. Und wenn jemand sündigt, so haben wir einen Fürsprecher bei dem Vater, Jesus Christus, der gerecht ist."* Das ist das Ziel: Sünde völlig vermeiden! Falls aber außerplanmäßig Sünde geschieht, haben wir einen Fürsprecher beim Vater im Himmel.

Lukas 17,3-4: *„Wenn dein Bruder sündigt, so weise ihn zurecht; und wenn er es bereut, vergib ihm. 4 Und wenn er siebenmal am Tag an dir sündigen würde und siebenmal wieder zu dir käme und spräche: Es reut mich!, so sollst du ihm vergeben."* Wir sollen also nicht nur die Augen zumachen nach dem Motto unserer Gesellschaft: Religion ist Privatsache! Nein, wir sollen als Christen durchaus den Finger in die Wunde legen. Dies aber nicht mit dem Ziel zu zerstören, sondern mit dem Ziel zu heilen und dem anderen wieder zu Recht zu helfen!

Aus diesem Grund stehen auch im Vater-Unser die Worte: „Vergib uns unsere Schuld, wie auch wir vergeben unsern Schuldigern!" Dabei geht es nicht darum, dass wir um Vergebung für unsere Sünden bitten sollen sondern darum, dass wir darum bitten, dass Jesus bei unseren Sünden genau den gleichen Maßstab anlegen soll, wie wir in Bezug auf die Sünden anderer Menschen anlegen: Vergib uns also nur so viel, wie wir auch bereit sind, anderen zu vergeben!

Und schließlich noch Johannes 8,11: *„Und Jesus sprach: So verdamme ich dich auch nicht; geh hin und sündige hinfort nicht mehr."* Hier wurde eine Frau beim Ehebruch ertappt und sollte nach jüdischem Recht gesteinigt werden. Nachdem alle ihre Ankläger gegangen waren, weil Jesus sie ihrer eigenen Sünden entlarvt hatte, entließ Jesus die Frau mit seiner Vergebung und einer Zielvorgabe für ihr Leben: *„...sündige hinfort nicht mehr..."* Sünde geht nur außerplanmäßig. Aus Gewohnheit zu sündigen, ist keine Option. Oder anders gesagt: Es ist für Christen nicht das Normale. Normal ist, dass Christen bestrebt sind zu tun, was Gott gerne hat.

Deshalb ist es auch wichtig, Gottes Stimme hören zu können! Wenn Sie Gottes Stimme nicht hören können, werden Sie sich schwer tun damit, im Alltag das zu tun, was Gott gerade von Ihnen möchte. Ich vergleiche diese Sache immer wieder gerne mit einem Paar, das sich lieb hat: Wenn ich genau weiß, dass meine Herzallerliebste nicht nur ein Herz für mich hat, sondern auch für gelbe Rosen, dann werde ich ihr natürlich rote Rosen schenken! Denn die mag ich gerne. Und es ist doch schön, wenn ich jemand etwas schenke, das ich gerne mag - oder etwa nicht? Ich werde mich doch nicht zähneknirschend ihren Allüren beugen und ihr gelbe Rosen schenken - nur weil das sture Weib es halt so will, oder? Was kann ich dafür, dass sie bei Rosen den falschen farblichen Geschmack hat.

Wer sich so gegenüber seiner Liebsten verhält, muss sich fragen, ob es sich wirklich um Liebe handelt oder ob diese Freundschaft andere Gründe hat. Wer diese Freundschaft allerdings in Liebe leben möchte, wird ihr natürlich gelbe Rosen schenken! Er tut nichts lieber als das, was sie gern hat. So ist es auch für einen Christen, der Gott lieb hat: Er wird sich nicht zähneknirschend den Standards und Wünschen Gottes für sein Leben beugen, nur weil er sich nicht dagegen wehren kann. Das wäre dann so eine rote Rosen-gelbe Rosen-Freundschaft. Nein, wer Gott wirklich lieb hat, der wird neugierig seine Ohren spitzen und mit wachen Augen darauf achten, was Jesus wichtig ist und was Jesus für sein Leben möchte. Ganz nach dem Motto, das uns Paulus mitgegeben hat in Galater 2,20:

> *„Ich lebe, doch nun nicht ich, sondern Christus lebt in mir. Denn was ich jetzt lebe im Fleisch, das lebe ich im Glauben an den Sohn Gottes, der mich geliebt hat und sich selbst für mich dahingegeben."*

Und das tut er in dem Wissen dessen, was Jesus gesagt hat in Johannes 15,5: *„...denn ohne mich könnt ihr nichts tun"*. Wenn Sie es also genau nehmen, leben Sie als Christ gar nicht selbst, sondern Jesus möchte durch Sie leben. Das funktioniert aber nur in einer harmonischen Beziehung zwischen Gott und Mensch. Denn Jesus wird keinen Menschen zu irgendetwas zwingen. Das ist einfach so, in einer liebevollen Beziehung. Wenn Sie aber mit Jesus zusammen Ihr Leben meistern möchten, dann ist er auch bereit, das Seine dazu beizutragen.

Und das ist nach meiner Erfahrung der Löwenanteil meines Lebens. Es war für mich so befreiend, als ich eines Tages erkannte, dass ich selbst gar nicht nach den Geboten Gottes leben muss. Paulus sagt zu uns in Galater 5,1: *„Zur Freiheit hat uns Christus befreit!"* Das heißt, dass ich in Jesus Christus frei bin!

Aber das heißt auf der anderen Seite nicht, dass die Gebote Gottes für uns Menschen, auch für uns Christen, aufgehoben wären. Jesus selbst hat gesagt in Matthäus 5,17: *„Ihr sollt nicht meinen, dass ich gekommen bin, das Gesetz oder die Propheten aufzulösen; ich bin nicht gekommen aufzulösen, sondern zu erfüllen"*. Das heißt, dass die Gebote nicht aufgelöst sind. Sie sind immer noch Maßstab für mein Leben. Aber das Neue an einem Leben mit Jesus ist, dass nicht ICH versuchen muss, sie zu erfüllen, sondern dass ER sie durch mich erfüllen möchte. Ich kann ohne ihn nichts tun, und deshalb möchte er in mir und durch mich Leben handeln. Und das mit Sicherheit innerhalb der Gebote und Standards Gottes. Das war und ist sehr entspannend für mich. Und genau deshalb möchte ich, mit meinem ganzen Leben, ganz allein meinem Herrn Jesus zuliebe leben!

2. In Jesus bleiben heißt: In der Liebe Jesu leben!

Was das bedeutet zeigen uns hauptsächlich die Verse 3-4 in 1. Johannes 1:

> *„Und daran merken wir, dass wir ihn kennen, wenn wir seine Gebote halten. 4 Wer sagt: Ich kenne ihn, und hält seine Gebote nicht, der ist ein Lügner, und in dem ist die Wahrheit nicht."*

Hier geht es um ein „erkennen" (griechisch: ginosko). Heute ist „erkennen" hauptsächlich eine Sache des Denkens. Wir erkennen etwas Bekanntes wieder, wir nehmen es wahr oder wir sehen es mit unseren Augen. Das bedeutet bei uns Deutschen „erkennen". Aber in der biblischen Sprache geht die Bedeutung weit darüber hinaus. Es ist ein „kennenlernen", das bis zum intimsten erkennen innerhalb einer sexuellen Handlung gehen kann. Ein „erkennen", das keine Geheimnisse außen vor lässt. Ein „erkennen", bei dem man nachher über den anderen wirklich Bescheid weiß.

In diesem Sinn kann „erkennen" für jeden Abschnitt des Kennenlernens stehen: Dass ich merke, dass jemand da ist! Dass ich ihn spüre! Ihn persönlich erfahre! Dass ich mich auf etwas oder jemand verstehe! Mich um jemand kümmere! Persönlich mit jemand vertraut bin! Oder dann als Ergebnis: Ihn kenne und um ihn weiß. „Erkennen" geschieht also demnach nicht nur theoretisch, sondern vor allem im praktischen

Umgang mit dem, was man erkennen will. Meistens ist dies dann auch mit Entscheidungen und Handlungen verbunden. In diesem Sinne geht es also weit über den Bereich des Denkens hinaus, um eine ganz enge, praktizierte Gemeinschaft mit Jesus.

Auf diesem Hintergrund könnte man diesen Vers 3 auch etwas anders übersetzen: „Und daran merken wir, dass wir ganz enge, praktizierte Gemeinschaft mit Jesus haben, wenn wir stets seine Gebote halten". Und damit gibt uns Johannes auch einen Maßstab für die Qualität unserer Beziehung zu Jesus an die Hand. Ich würde sagen ganz in dem Sinne, wie es Jesus zu uns gesagt hat in Matthäus 7,20: *„An ihren Früchten sollt ihr sie erkennen".* Oder etwas positiver ausgedrückt in Matthäus 5,16:

„So lasst euer Licht leuchten vor den Leuten, damit sie eure guten Werke sehen und euren Vater im Himmel preisen."

Wenn es also um das geht, was wir z.B. als „die 10 Gebote" kennen, oder wenn es um die Aussagen geht, die dem einen oder anderen durch die sog. „Bergpredigt" zu einer ständigen Herausforderung des Alltags werden, dann geht es zunächst gar nicht darum, diese einfach nur einzuhalten!

Rufen Sie sich einfach noch einmal in Erinnerung, was der Grund dafür war, dass dieser Brief an die Christen in der Provinz Kleinasien geschrieben wurde. Das macht es für uns heute leichter die Aussagen darin richtig zu verstehen und auf unser Leben als Christen anzuwenden. Er richtet sich gegen die Irrlehrer, die in der Gemeinde aufgetreten sind, und die Lehre des Evangeliums auf eine bloße verstandesmäßige Erkenntnis reduziert haben. Und zu dieser bloßen Erkenntnis des Verstandes möchte Johannes hier einen Gegenpol schaffen. Das bedeutet, dass es ihm nicht um die Theorie des Evangeliums ging, sondern um praktizierten Glauben. Nicht nur um bloßes Hören und Durchdenken sondern auch darum, dass das Gehörte und Durchdachte im Alltagsleben der Christen vorkommt!

Das griechische Wort für „Gebote halten" bedeutet auch noch „bewachen", „bewahren", „gefangen halten", „aufmerksam beobachten". Sie merken sehr schnell, dass Sie das im Trubel des Alltags nicht auch noch nebenbei bewerkstelligen können. Sie können Gottes Wort nicht nebenbei bewachen, bewahren oder aufmerksam beobachten. Wenn Sie dies versuchen, könnte es Ihnen leicht passieren, dass Sie sich selbst zu einem Lügner machen, weil Sie zwar annehmen, dass Sie Gott kennen, es sich aber in Ihrem Leben nicht zeigt, dass Sie mit Jesus gemeinsame Sache machen: „An ihren Früchten werdet ihr sie erkennen!"

Am Ende der Wanderung des Volkes Israel durch die Wüste, ermahnte Mose das Volk, indem er ihnen sagte (5. Mose 32,47): *„Es ist nicht ein leeres Wort an euch, sondern es ist euer Leben!"* Damit sagte er im Grunde: „Was ihr sagt, ist alles richtig, aber es muss sich auch an eurem Leben zeigen, sonst taugt es nichts!" Dieses Anliegen finden wir immer wieder in der Bibel. Und wenn wir genau hinschauen, sind es doch gerade auch die Kritiker der Christen, die ihnen immer wieder vorwerfen, dass sie ihr Reden mit ihrem Handeln immer wieder durchstreichen, anstatt ihre Worte mit ihrem Leben zu unterstreichen!

Johannes sagt: Wer nur redet, ohne dass es sich in seinem Leben zeigt, der lebt nicht in der Liebe Jesu. Und damit wird er sich erfahrungsgemäß ziemlich schwer damit tun, versöhnt zu leben, sowohl mit Jesus als auch mit seiner Umwelt.

3. In Jesus bleiben heißt: Aus der Liebe Jesu leben!

Dazu zitiere ich die Verse 5-6 aus 1. Johannes 1:

> *„Wer aber sein Wort hält, in dem ist wahrlich die Liebe Gottes vollkommen. Daran erkennen wir, dass wir in ihm sind. 6 Wer sagt, dass er in ihm bleibt, der soll auch leben, wie er gelebt hat."*

Nehmen wir mal an, Sie wollen Jesus zuliebe leben. Und Sie wollen auch in der Liebe Jesu leben und ganz enge Gemeinschaft mit Jesus haben. Was denken Sie: Wie lange werde Sie wohl durchhalten können? Wie lange werden Sie Ihre Motivation hoch halten können? Wie lange werden Sie die Disziplin aufbringen können, den Standards und Wegweisungen Gottes gerecht werden zu können? Ich nehme einmal an - falls Sie ähnlich gestrickt sind wie ich -, dann wird das nicht wirklich lange gut gehen. Vielleicht kann ich es mit meinem Lieblingsthema, dem Essen, etwas illustrieren. Es gab und gibt immer wieder Zeiten in meinem Leben, wo ich aufpassen muss, dass ich nicht aus den Nähten platze. Ich habe es einfach in den Genen, dass ich schneller in die Breite wachse, als ich essen kann. Unter diesen Genen ist nun auch ein ganz fatales, und das nennt sich das „zum Kühlschrank Ge(h)n". Auf der anderen Seite muss ich aufpassen, dass ich meine Konfektionsgröße nicht erweitere, weil ich sonst aus meiner Kleidung herauswachse. Am ersten Tag klappt das ganz gut. Am nächsten Tag starte ich voller Elan in den Tag: Nur ein Brot zum Frühstück, nur einen Teller voll zum Mittagessen. Und abends kommt dann jemand auf die Idee, Pizza zu essen und anschließend einen schönen Film anzuschauen - natürlich inklusive Salzbrezeln, Flips, Chips, Apfelschorle, oder ähnlichem. Was denken Sie, wie es dann um meine Motivation bestellt ist?

Denken Sie, dass mein Verhalten in Bezug auf die liebevollen Anweisungen Gottes anders ist? Natürlich nicht! Und deshalb bin ich froh, dass Johannes in seinem Evangelium z.B. folgende Sätze darüber geschrieben hat (Johannes 14,21 und 23):

> „Wer meine Gebote hat und hält sie, der ist's, der mich liebt. Wer mich aber liebt, der wird von meinem Vater geliebt werden, und ich werde ihn lieben und mich ihm offenbaren! 23 Wer mich liebt, der wird mein Wort halten; und mein Vater wird ihn lieben, und wir werden zu ihm kommen und Wohnung bei ihm nehmen."

Oder in 1. Johannes 3,16: „*Daran haben wir die Liebe erkannt, dass er sein Leben für uns gelassen hat!*" Zusammen mit dem, was ich vorhin dazu schon gesagt habe, brauchen Sie sich in Zukunft keine Sorgen mehr um Motivation und Disziplin zu machen. Sie schauen auf Jesus und er schenkt Ihnen Motivation und Disziplin.

Natürlich lässt uns Johannes dabei nicht völlig von der Leine, wenn er in Vers 6 noch einmal betont: „*Wer sagt, dass er in ihm bleibt, der soll auch leben, wie er gelebt hat*". Und das bedeutet, dass wir in Bezug auf unser Leben mit Jesus schon gefragt sind. Aber eben nicht in dem Sinne, dass wir selbst die Gebote und Anweisungen Gottes, aus eigener Kraft und Anstrengung erfüllen könnten.

Doch wollen müssen wir schon, sagt Johannes hier. Sonst wird es zur Mogelpackung: Außen steht CHRIST drauf aber innen drinnen befindet sich ein selbstbestimmtes Leben. Dazu werden Sie keine Hilfe und Begleitung von Jesus bekommen! Aber wenn es Ihnen wichtig ist, mit Jesus zu leben, dann wird er Ihnen alle Mittel zur Verfügung stellen, die dazu notwendig sind, ein lebenswertes und erfolgreiches Christsein führen zu können. Ganz nach dem Motto von 1. Petrus 1,3:

> *„Alles, was zum Leben und zur Frömmigkeit (Gott gefälliges Leben) dient, hat uns seine göttliche Kraft geschenkt durch die Erkenntnis dessen, der uns berufen hat durch seine Herrlichkeit und Kraft."*

Auf diese Weise werden Sie ganz sicher mit Jesus versöhnt leben können, weil er Ihren Willen, versöhnt zu leben, honorieren wird, indem ER Ihnen die Kraft, die Ausdauer und die Möglichkeiten schenken wird, ein solches Leben zu leben.

Und als Konsequenz davon werden Sie auch in Ihren Beziehungen Versöhnung und Harmonie erleben können. Ich habe das bei mir selbst so erlebt und möchte es deshalb auch so bezeugen: In meiner Familie und auch darüber hinaus. Und darum wünsche ich Ihnen, dass es auch in Ihrem Leben heißen darf: In Jesus bleiben - versöhnt leben!

Bruderliebe = Maßstab für echten Glauben!

(1. Johannes 2,7-11)

Er war schon ein erfahrener Tourist in Sachen Afrika. Jedes Jahr zog es ihn auf diesen Kontinent. Vor allem Nordafrika hatte es ihm besonders angetan. Dieses Jahr stand ein Trip durch Marokko auf dem Plan. So ging es also los. Während seiner Reise durch Marokko wurden ihm herrliche, leuchtend blaue, Amethysten zum Kauf angeboten. Die waren so schön, dass man ihnen fast nicht widerstehen konnte. Darum wollte er auch schnell zugreifen und kaufen. Doch dann kam seine ganze Afrikaerfahrung in ihm hoch. Kurz entschlossen machte er seinen Finger nass und fuhr über einen der Amethysten und siehe da - die leuchtend blaue Farbe ging ab. Der Amethyst hatte dieser Echtheitsprüfung nicht standgehalten.

Nun ist das bei solch einem Amethysten gar nicht so schlimm. Außer dass der Verkäufer versucht hatte, den Mann übers. Ohr zu hauen, und der wertlose Stein nun nicht verkauft wird, bis er einen neuen Anstrich hat, hat so etwas keine weiteren Konsequenzen. Wenn ich jedoch - mit dieser Geschichte im Hinterkopf - auf das Leben von Menschen schaue, die sich Christen nennen, was bekomme ich dabei angeboten? Vielleicht auch so eine nach außen leuchtende Frömmigkeit? Dies ist ja an sich gar nichts Schlechtes. Jesus selbst hat gesagt in Matthäus 5,16:

„So lasst euer Licht leuchten vor den Leuten, damit sie eure guten Werke sehen und euren Vater im Himmel preisen."

Aber er spricht darin von einer greifbaren Frömmigkeit, die jede Echtheitsprüfung leicht bestehen könnte. Ein Leben im Glauben, das auch dann bei der Stange bleibt, wenn das Leben von Problemen und Schwierigkeiten getroffen wird. Ein Leben, wo nicht sofort der Lack abgeht, nur weil es Dinge gibt, die nicht so leicht zu verstehen sind.

Ich möchte diesen Gedanken hier und heute noch ein wenig nachgehen. Dabei werde ich auch ein wenig vor der eigenen Haustüre kehren, z.B. mit Fragen wie: Was bedeutet es für mich, an Jesus zu glauben? Und wie zeigt sich dieser Glaube an Gott im ganz normalen Wahnsinn des Lebens? Hält er den Prüfungskriterien stand, oder ist der Lack schnell ab? Könnte er ein Echtheitssiegel bekommen, oder käme unser Glaube allenfalls als Ramsch-Ware - als Billigprodukt - auf Flohmärkte?

Ich denke, dass es wichtig ist, sich auch mit solchen Themen auseinander zu setzen. Auch wenn sie vielleicht etwas unbequem sind. Auf der anderen Seite sind solche Worte von Jesus, wie die aus dem Matthäus-Evangelium, für mich Ansporn genug, mich auch unbequemen Fragen zu stellen. Das Ziel dieser Fragen bin ja nicht ich, sondern die Menschen, die mein Leben anschauen können, um dadurch animiert zu werden, den Vater im Himmel zu loben, zu preisen und womöglich ein Leben an Jesu Seite zu beginnen. Deshalb darf mein Leben auf keinen Fall eine Mogelpackung sein, auf der außen viel drauf steht, die aber innen viel zu wenig von dem hat, was schmeckt und gut tut.

Nein, ich möchte jemand sein, durch den Menschen Sehnsucht nach dem bekommen, was mein eigenes Leben so verändert und so unendlich bereichert hat. Ich möchte, dass sie so leuchtende Augen bekommen wie der Tourist in Afrika, als er den Edelstein sah!

Damit dies nicht nur ein schöner Traum bleibt, hat der Apostel Johannes in seinem Brief einen Vorschlag, wie unser Glaube sich als echt erweist und sichtbar werden kann. Dazu zitiere ich einen Abschnitt aus seinem ersten Brief (1. Johannes 2,7-11):

> *„Meine Lieben, ich schreibe euch nicht ein neues Gebot, sondern das alte Gebot, das ihr von Anfang an gehabt habt. Das alte Gebot ist das Wort, das ihr gehört habt. 8 Und doch schreibe ich euch ein neues Gebot, das wahr ist in ihm und in euch; denn die Finsternis vergeht und das wahre Licht scheint jetzt. 9 Wer sagt, er sei im Licht, und hasst seinen Bruder, der ist noch in der Finsternis. 10 Wer seinen Bruder liebt, der bleibt im Licht, und durch ihn kommt niemand zu Fall. 11 Wer aber seinen Bruder hasst, der ist in der Finsternis und wandelt in der Finsternis und weiß nicht, wo er hingeht; denn die Finsternis hat seine Augen verblendet."*

Anhand dieses Textes aus dem ersten Johannes-Brief möchte ich unseren Glauben gerne einer Echtheitsprüfung unterziehen. Dazu gehe ich in drei Schritten vor: 1. Schritt: Kriterium zum Prüfen der Echtheit. 2. Schritt: Die mögliche Betrügerei bei der Prüfung! 3. Schritt: Das Echtheitssiegel!

1. Schritt: Kriterium zum Prüfen der Echtheit

1. Johannes 2,7-8:

„Meine Lieben, ich schreibe euch nicht ein neues Gebot, sondern das alte Gebot, das ihr von Anfang an gehabt habt. Das alte Gebot ist das Wort, das ihr gehört habt. 8 Und doch schreibe ich euch ein neues Gebot, das wahr ist in ihm und in euch; denn die Finsternis vergeht und das wahre Licht scheint jetzt."

Wenn ein Journalist einer Zeitung mit den Kriterien berichten würde, die Johannes hier ansetzt, könnte seine Zeitung vermutlich in einem halben Jahr dicht machen. Menschen, die eine Zeitung aufschlagen, interessieren sich in erster Linie für Neuigkeiten, und nicht für das alte Gerede von gestern. In Deutschland könnten vermutlich nicht mal die Hälfte aller Zeitschriften überleben, wenn sie nicht ständig über irgendwelche Neuigkeiten oder Skandale berichten würden, wenn sie nicht ständig irgendwelche Berühmtheiten vor die Linse nehmen und deren privates Leben an die Öffentlichkeit bringen würden.

Und jetzt kommt dieser Johannes hier daher und sagt: „Ich schreibe euch nichts Neues - nichts, was noch nie dagewesen ist. Ich schreibe euch etwas Altes. Etwas, das ihr schon vor einiger Zeit gehört habt." Wenn ich mir das jetzt mal bildlich vorstelle: Da sitzt eine Gemeinde in der Provinz Kleinasien in ihrem Wohnzimmer. Alle sind gespannt, was der Gemeindeleiter heute zu sagen hat. Und der steht auf, rollt einen Brief auf und fängt an ihn vorzulesen. In dem Moment erreicht doch die Spannung ihren knisternden Höhepunkt: Jetzt kommen neue Nachrichten! Der Apostel und Bruder, Johannes, schreibt uns! Und dann? „Ich schreibe euch nichts Neues!" Haben Sie den KLICK gehört? Nichts Neues? Klick... Und die versammelte Gemeinde schaltet ab. Na wenn nichts Neues kommt, brauchen wir ja auch nicht zuzuhören.

Aber das wäre ganz typisches deutsches Denken. Wir sind in Deutschland sehr vom Rationalismus geprägt. Das heißt, wir müssen alles mit unserem Verstand erfassen. Und der Verstand sagt uns: „Diese Sache habe ich schon einmal gehört. Damit ist es in mein Wissensrepertoire aufgenommen und somit abgehakt!" Das hebräische Denken ist aber nicht auf den Verstand ausgerichtet, sondern auf das Herz.

Ich weiß nicht, ob Sie den Unterschied so leicht erfassen können. Ich versuche es mit einem Beispiel: Vielleicht war der Eine oder Andere von Ihnen schon einmal verliebt. Und auch dieses „verliebt sein" beginnt irgendwo im Hirnstübchen. Ich weiß, dass ich den anderen attraktiv finde und könnte mir ein gemeinsames Leben vorstellen. Und dann beginnen die Hormone und die Phantasie zu arbeiten und das Ganze erwacht zum Leben. Wie ist es nun, wenn diese Liebe vom anderen erwidert wird? Dann nimmt man das halt zur Kenntnis, oder? So wie die Fußballergebnisse vom letzten Samstag, oder den Wetterbericht von gestern? Natürlich nicht! Da entsteht eine andere Art von Wissen. Ein wohliges Gefühl im mittleren Bereich des Körpers. Und damit ist Liebesgeschichte von einem rein verstandesmäßigen Wissen zu einem Wissen des Herzens geworden.

Aber das braucht länger! Der Verstand begreift sofort, aber das Herz braucht noch ein paar Wiederholungen und Bestätigungen, bevor es zu einem Wissen kommt, das mein ganzes Leben verändern kann! Und das hat Johannes gewusst. Er wusste: Der Verstand kennt dieses Gebot der Liebe. Aber damit ist es noch längst nicht zu einem Lebensstil geworden. Das Herz hat es noch nicht vereinnahmt, weil es die Dinge öfter erleben und hören muss. So sagt Johannes ihnen etwas für den Verstand vielleicht Altes, aber etwas, das noch in ihr Herz vordringen muss, damit es zu einer Lebenswirklichkeit werden kann.

Wenn Sie dieses Prinzip verstanden haben, dann werden Sie die Bibel wieder mit ganz anderen Augen lesen. Natürlich werden ihrem Verstand viele Geschichten als bekannt vorkommen, die Sie in der Bibel lesen. Manche Anweisungen aus den Briefen des Paulus kennen Sie vielleicht auch auswendig. Aber wie geht es denn Ihrem Herzen dabei? Kommen auch Ihrem Herzen die Geschichten bekannt vor, weil sie in Ihrem Inneren schon lebendig geworden sind? Oder haben diese Ihr Herz noch gar nicht erreicht? Sind die Anweisungen aus den Briefen des Paulus schon zu Ihrem Herzen vorgedrungen, und dadurch vielleicht sogar schon zu einem Lebensstil geworden?

Wissen Sie, die Bibel wurde nicht dafür geschrieben, sie nur mit dem Verstand zu erfassen und dann als Wissen abzuhaken. Ganz im Gegenteil! Sie wird nicht umsonst als „Liebesbrief Gottes" bezeichnet. Denn es sind Worte, die nicht auf den Verstand abzielen. Es sind Worte, die über den Verstand, vor allem unser Herz erreichen sollen. Deshalb sagte schon König Salomo in Sprüche 3,5: *„Verlass dich auf den HERRN von ganzem Herzen, und verlass dich nicht auf deinen Verstand".*

Es geht also um das Herz, und nicht um den Verstand. Und was soll dieses Herz erreichen? Ein altes Gebot, ganz neu aufgelegt (3. Mose 19,18): *„Liebe deinen Nächsten, wie dich selbst!"* Damit sind wir mitten in diesem Kriterium zum Prüfen der Echtheit unseres Glaubens: *„Liebe deinen Nächsten, wie dich selbst!"* Warum kann ich dies zu einem Prüfkriterium erheben? Weil Jesus es selbst dazu gemacht hat (Johannes 13,35): *„Daran wird jedermann erkennen, dass ihr meine Jünger seid, wenn ihr Liebe untereinander habt!"*

Mit diesem alten, neuen Gebot gehen wir jetzt noch einmal in das Wohnzimmer der Gemeinde in Kleinasien. Wir sehen, dass niemand innerlich abgeschaltet hat und sich den Brief des Apostels Johannes anhört. Doch wir sehen auch einige Fragezeichen in den Augen der Zuhörer: „Warum ist gerade dieses Gebot so wichtig für mein Glaubensleben? Ist es nicht viel wichtiger, dass ich treu nachfolge und die Gebote halte? Ist es nicht viel wichtiger oft in der Bibel zu lesen und mit Gott zu reden, meinen Glauben also einfach nur zu leben?"

Natürlich sind alle diese Dinge wichtig, ganz klar! Aber hören Sie einmal zu, was Jesus geantwortet hat, als man ihm diese Frage eines Tages selbst gestellt hat. Damals, von ein paar Pharisäern, die es mit Jesus nicht so gut meinten. Sie stellten ihm eine Fangfrage nach dem höchsten Gebot. Eigentlich wollten sie ihn nur aufs Glatteis führen, damit sie ihn anklagen konnten. Bisher war ihnen das noch nicht gelungen, so versuchten Sie es nun mit dieser Frage. „Meister! Welches ist das höchste Gebot im Gesetz?" Und Jesus antwortete diesen Pharisäern mit folgenden Worten (Matthäus 22,37-40):

„Du sollst den Herrn, deinen Gott, lieben von ganzem Herzen, von ganzer Seele und von ganzem Gemüt. 38 Dies ist das höchste und größte Gebot. 39 Das andere ist aber dem

Bruderliebe = Maßstab für echten Glauben!

gleich: Du sollst deinen Nächsten lieben, wie dich selbst. 40 In diesen beiden Geboten hängt das ganze Gesetz und die Propheten."

Und dazu können wir in 1. Johannes 4,19 lesen - das ist für mich fast wie ein Kommentar zu diesen Worten von Jesus -: *„Lasst uns lieben, denn er hat uns zuerst geliebt".* Ja, diese Liebe ist ein echtes Thema für unseren Glauben und sollte immer die erste Priorität in unserem Leben haben! Aber dies bitte nicht so verstehen, als könnten wir aus unserem Menschsein auch nur ein kleines bisschen Liebe hervorbringen. Nein, wir sind zuerst geliebt worden, darum sind wir in der Lage, diesen Gott und andere Menschen zu lieben.

Aber das können Sie nicht nur mit Ihrem Verstand aufnehmen und als Wissen abspeichern. Damit wäre nichts gewonnen! Das muss vom Verstand ganz tief in Ihr Herz einsickern und sich dort breit machen: „Ich bin von Gott geliebt, darum kann ich lieben!" „Ich bin von Gott geliebt, darum kann ich lieben!" Nur wer sich geliebt weiß, der kann auch andere Menschen lieben. Das wird Ihnen jeder Seelsorger bestätigen.

Sich nur geliebt zu *„fühlen",* das reicht nicht aus. Es muss zu einem inneren Wissen werden, das jede Pore unseres Seins durchdringt. Das ist der Grund, warum Gott seine Liebe immer wieder zum Thema macht. Wie gesagt: Nicht um uns dazu zu zwingen, einander zu lieben. Das funktioniert sowieso nicht. Das wissen Sie selbst am besten. Sondern um uns mitzuteilen, dass wir von Gott geliebt sind. So sehr, dass er seinen eigenen Sohn gegeben hat, um uns Menschen zu erlösen und von uns selbst zu befreien. Das ist wahre Liebe. Und ich möchte einmal behaupten: Wer diese Liebe in seinem Herzen hat, der kann gar nicht anders, als andere zu lieben!

Das ist eine Liebe, die den anderen auch erreicht. Ganz anders als diese Liebe, die aus der Logik heraus geboren ist und sagt: „Jetzt liebe ich den anderen, weil es nun mal auf der Tagesordnung steht!" Ich glaube, in einem Kühlschrank ist es wärmer als wenn Sie solch einer Art von Liebe begegnen. Und diese von Gott motivierte Liebe ist jetzt schon möglich. Johannes sagt in unserem Text in Vers 8: *„das wahre Licht scheint jetzt!"* Dennoch gibt es - auch unter den Christen - manche Schlitzohren, die immer wieder versuchen, sich durchzuschlängeln, oder versuchen, um solche Kriterien herum zu kommen. Und das geht laut Johannes sogar so weit, das Betrügereien möglich werden, weil man so viel wie möglich vom großen Liebes-Kuchen absahnen möchte.

2. Schritt: Die mögliche Betrügerei bei der Prüfung!

Ich zitiere dazu 1. Johannes 2,9:

> *„Wer sagt, er sei im Licht, und hasst seinen Bruder, der ist noch in der Finsternis."*

Stellen Sie sich einmal Folgendes vor: Ein Mensch steht mitten in einem Raum, aber er weiß es nicht. Warum? Weil der Raum total abgedunkelt ist. Kein Licht dringt von außen in den Raum. Das alles wäre nicht so schlimm, wenn er nicht behaupten würde, es wäre taghell und er stünde mitten auf einem freien Feld. Wer in diesem Fall Recht hat kann man feststellen, wenn man die Person auffordert, einfach auf ihrem freien Feld ein Stück weit zu gehen. Wenn sie dies tut, wird nach einiger Zeit ein etwas dumpfer Schlag zu hören sein, weil dieser Mensch im realen Raum gegen eine Wand gelaufen sein wird.

Vielleicht können Sie sich mit diesem Beispiel die Situation unseres Verses ein bisschen besser vorstellen: Nicht nur in der Zeit des Johannes gab es immer wieder Menschen, die behaupteten, dass sie im Licht leben. Oder anders gesagt, dass sie begriffen hätten, wie ein Leben mit Jesus auszusehen hat und dies auch praktisch leben würden.

Johannes beurteilte dies etwas anders und sagte: Diese Menschen haben weder das Licht noch leben sie im Licht! Doch wer hat jetzt Recht? Vers 9 gibt uns einen entscheidenden Tipp, wie wir das feststellen können. Wir brauchen nur das Kriterium zur Prüfung anzulegen, dann wird es sich zeigen. Und dieses Kriterium ist die Liebe. Hier wird es nur anders ausgedrückt, negativ. Wer seinen Bruder hasst, der ist nicht im Licht sondern in der Finsternis.

Ich denke, um es anwenden zu können, müssen wir klären, was hier mit hassen gemeint ist. Wenn wir in unserer Gesellschaft an Hass denken, dann ist das eine abgrundtiefe Abneigung gegen einen Menschen oder eine Sache. Aber hier steht im griechischen Urtext das Wort „miseo". Und dieses Wort steht in seiner Bedeutung - in der Regel - im Gegensatz zu dem Wort „agapä", was die Liebe Gottes zum Ausdruck bringen soll. Damit könnte man an dieser Stelle auch übersetzen: „Wer seinen Bruder nicht lieb hat!" oder „Wer zu seinem Bruder lieblos ist!" Damit wird die Sache für mich schon spannender. Denn das mit dem Hassen, das könnte ich ja leicht von mir weisen. Aber wenn es um liebloses Verhalten geht, oder darum, jemand nicht lieb zu haben, dann liegt das schon eher im Rahmen der Möglichkeiten, wie ich mich verhalten könnte. Aber das ist noch nicht alles. Zum Glück!

Dieses Wörtchen „miseo" - hassen - steht in einer Zeitform, die wir im Deutschen mit Partizip Präsens bezeichnen. Und dies bringt zum Ausdruck, dass es um ein Verhalten geht, das andauern muss: Ein Verhalten, das über einen längeren Zeitraum anhält. Auf diesem Hintergrund müsste man Vers 9 dann folgendermaßen übersetzen: „Wer seinen Bruder dauerhaft nicht lieb hat!" oder „Wer zu seinem Bruder fortwährend lieblos ist, der ist noch in der Finsternis." Das klingt schon besser für mich, was allerdings nicht heißt, dass ich damit aus dem Schneider bin. Aber es hilft mir, die Dinge bei mir und bei anderen besser einordnen zu können.

Und genau darum ging es Johannes, dass wir als Christen die Dinge des Glaubens richtig einordnen können. Nicht umsonst habe ich diese Sache mit „Echtheitsprüfung" überschrieben. Es gibt zwar Menschen, die behaupten, dass wir uns automatisch zum Besseren hin entwickeln würden, aber dem stimme ich aus meiner Erfahrung nicht zu. Ich habe in meinem eigenen Leben die Erfahrung gemacht, wie schnell man in lasches Verhalten rutschen kann, nur weil man sich an Verhaltensweisen anderer Menschen angleicht. Das wurde mir auch einmal in einem Gremium vor Augen geführt, in dem ich den Vorsitz hatte.

Es war in einer Gemeinde, in der ich relativ neu dazugekommen war. Die Mitglieder des Leitungsteams kannten sich aber schon viele Jahre. Dennoch machten sie mich zu ihrem Gemeindeleiter. In einer der Sitzungen kam es zu einem heftigen Wortgefecht, bei dem die Menschen nicht zimperlich miteinander umgegangen sind. Im Anschluss an die Sitzung habe ich mit einem der älteren Leiter gesprochen und er meinte nur: „Hans-Werner, das lernst du auch noch!" Nein, dieses lieblose Verhalten, das sich mit den Jahren eingeschlichen hatte, wollte ich auf keinen Fall lernen!

Dieses Beispiel zeigt sehr deutlich, was dieses Wort „miseo" zum Ausdruck bringen möchte: Einen dauerhaften lieblosen Umgang mit

Schwestern und Brüdern aus der Familie der Christen in der Gemeinde. Ich verstehe diese Worte des Johannes darum auch als Warnung: „Pass auf, dass du nicht plötzlich vor eine Wand läufst, weil du zwar gedacht hast, dass du mitten im Licht lebst, aber dein liebloses Verhalten hat dich als einen entlarvt, der mitten in der Finsternis wandelt." Abseits von dem, was Jesus so wichtig ist: Dass wir einander lieben, weil er uns zuerst geliebt hat!

Dies ist ein Punkt, an dem wir sehr ehrlich sein müssen, sowohl zu uns selbst als auch zu anderen Christen. Liebloses Verhalten zerstört Gemeinschaft. Und sie verhindert, dass wir miteinander das tun können, was für die Menschen so wichtig ist, die noch nicht an Jesus glauben: Dass sie sehen, wie wir einander lieb haben! Wir können noch so leidenschaftlich zu unseren Veranstaltungen einladen. Wir können noch so kreative Dinge machen, die Menschen von unserem Glauben überzeugen sollen. Wenn wir einander nicht lieb haben und dies von anderen Menschen auch nicht erkannt werden kann, werden wir kein Licht in der Welt sein können, sondern nur ein weiterer Bereich von Finsternis, von denen die Welt schon genug hat. Und das braucht kein Mensch! Betrügen wir uns also nicht selbst, indem wir etwas von uns behaupten, das gar nicht der Wahrheit entspricht.

Damit kommen wir zum dritten Schritt unserer Echtheitsprüfung:

3. Schritt: Das Echtheitssiegel!

Dazu zitiere ich den letzten Teil des Textes aus 1. Johannes 2,10-11:

> „Wer seinen Bruder liebt, der bleibt im Licht, und durch ihn kommt niemand zu Fall. 11 Wer aber seinen Bruder hasst, der ist in der Finsternis und wandelt in der Finsternis und weiß nicht, wo er hingeht; denn die Finsternis hat seine Augen verblendet."

In diesen beiden Versen nimmt Johannes noch einmal den Gegensatz von Licht und Finsternis unter die Lupe. Am deutlichsten wird der z.B. bei uns Menschen, wenn wir in einen stockdunklen Raum gehen und dann das Licht anknipsen. Plötzlich ist alle Finsternis wie weggeblasen - der Raum ist hell - und zwar so lange, bis wir das Licht wieder ausmachen.

In der geistlichen Welt gibt es zwischen Licht und Finsternis kein Mittelding, kein Zwielicht. Denn Gott ist Licht! Und in ihm ist noch nicht einmal ein kleinster Hauch von Finsternis, nicht einmal der Gedanke an Finsternis - und wäre er auch noch so kurz! Und das gilt auch dann - oder vielleicht gerade deshalb -, wenn in unserer menschlichen Erfahrung die Dämmerung durchaus vorkommen kann. Wir erleben sie fast täglich, am Morgen oder am Abend des Tages, und in unserem Zeitalter fast in jedem Wohnzimmer, wo sogenannte Dimmer angebracht sind, mit denen man das Licht stufenlos heller oder dunkler machen kann.

In der geistlichen Realität gibt es zwischen Licht und Finsternis keine solchen Grauzonen. Genau davon spricht Johannes hier in diesen beiden Versen. Entweder Sie leben die Liebe zu den Menschen und leben im Licht Jesu, oder sie leben lieber die lieblose Variante und befinden sich in der Finsternis. Es gibt also kein Mittelding, entweder keine Liebe oder Liebe in Wort und Tat. Ganz nach dem, was wir weiter hinten in diesem Brief nachlesen können (1. Johannes 3,18):

„Meine Kinder! Lasst uns nicht lieben mit Worten noch mit der Zunge, sondern mit der Tat und mit der Wahrheit."

Wo dies praktiziert wird, leben Menschen im Licht. Jesus hat von sich gesagt (Johannes 8,12): *„Ich bin das Licht der Welt!"* Wer also liebevoll mit den Menschen umgeht, der lebt im Licht, also in Jesus Christus, dem Licht der Welt. Durch den kommt dann auch niemand zu Fall, sagt Johannes.

Wer schon einmal im Dunkeln gegangen ist, der kann dies bestätigen. Ich kann mich noch an die Zeit erinnern, als ich bei der Bundeswehr war. In dieser Zeit hatten wir manche 24-Stunden-Übung zu absolvieren, bei der wir die Nacht hindurch von einem Ort zum anderen Ort marschieren mussten, in für uns völlig fremdem Gebiet. Ich kann Ihnen sagen, da sind wir durch manchen Wald gestolpert und manches Mal auch zu Fall gekommen. Das ist nicht wirklich angenehm.

Da war es schön, wenn man einen Gruppenleiter hatte, der einem den Weg zeigen oder ein wenig Licht in das Dunkel bringen konnte. Dadurch war der Weg viel leichter zu gehen und manch schmerzvolle Erfahrung blieb uns erspart.

Bruderliebe = Maßstab für echten Glauben!

Wenn wir das ein wenig erweitern auf unsere Gesellschaft und Welt, kann vermutlich jeder von uns ein Beispiel aus dem näheren oder weiteren Umfeld nennen, bei dem es durch Lieblosigkeit oder Hass zu negativen Entwicklungen kam. Denken wir nur an die großen Kriege der Völker, bis hin zu den kleinen Kriegen in den Familien. Es gibt nicht umsonst immer mehr Frauenhäuser, wo Frauen sich hin flüchten können, weil sie häusliche Gewalt erleben. Und das auch in christlichen Ehen! Nicht wenige Menschen haben ihr Leben lang mit schlechten Gewohnheiten und Abhängigkeiten zu kämpfen, weil sie als Kinder mindestens emotional missbraucht wurden.

Das sage ich nicht nur von Menschen, die nicht an Jesus glauben. Da höre und beobachte ich viel lieber die Geschichten von Menschen, die in der von Johannes beschriebenen Liebe aufgewachsen sind oder darin leben: Wie Menschen aufblühen, wenn ihnen bewusst wird, dass sie geliebt werden.

Es gibt nichts Schöneres als dies mitzubekommen. Das ist so herrlich! Und weil das so schön ist, wünsche ich Ihnen und den Menschen die Sie umgeben, dass Sie diese Liebe in allen Facetten leben können, weil Ihr Herz verstanden hat, dass sie unendlich geliebt sind. Ich wünsche Ihnen, dass Sie von Menschen umgeben sind, die sich von der Liebe Gottes so inspirieren lassen, dass Sie sich jederzeit von diesen Menschen geliebt fühlen. Ja: *„Lasst uns lieben, denn er - JESUS - hat uns zuerst geliebt"* (1. Johannes 4,19).

Habt nicht lieb die Welt!

(1. Johannes 2,12-17)

Habt nicht lieb die Welt! Dies ist ein geistliches Anliegen, das einen langen und steinigen Weg hinter sich hat, der gepflastert ist von Missverständnissen und geistlichem Missbrauch. Deshalb möchte ich jetzt versuchen, ein paar dieser Missverständnisse aus dem Weg zu räumen. Johannes wird mir dabei helfen. Um den Hintergrund des Bibeltextes ein wenig zu erleuchten, den wir gleich noch lesen werden, möchte ich kurz auf ein Erlebnis aus dem Alten Testament der Bibel eingehen, mit welchem das Volk Israel konfrontiert war (1. Könige 18).

Seit dreieinhalb Jahren hatte es in Israel schon nicht mehr geregnet. Da wurde der Prophet Elia von Gott zum israelitischen König Ahab geschickt, um das Volk Israel auf dem Berg Karmel zu versammeln. Dort sollte geklärt werden, wer der wahre Gott Israels ist: Ist es der Götze Baal, der in Israel viele Anhänger hatte, oder ist es der Gott Abrahams, Isaaks und Jakobs? Dies sollte geklärt werden, indem zwei Opferstätten hergerichtet wurden, eine für Baal und eine für Gott. Derjenige, der Feuer vom Himmel senden würde, der würde sich als der wahre Gott Israels herausstellen. In dieser Szenerie standen auf der einen Seite 850 Propheten von Baal und Aschera und auf der anderen Seite stand der Prophet Elia.

Aus dieser in christlichen Kreisen sehr bekannten Geschichte stammt der eine Satz, der in 1. Könige 18,21 zu finden ist:

„Wie lange hinkt ihr auf beiden Seiten? Ist der HERR Gott, so wandelt ihm nach, ist's aber Baal, so wandelt ihm nach. Und das Volk antwortete ihm nichts."

Ich hoffe, dass es uns heute besser geht und wir nicht sprachlos sind, wenn wir den Bibeltext aus dem Johannes-Brief zusammen betrachtet haben. Nun möchte ich noch gerne den Bogen zum Neuen Testament der Bibel spannen, bevor wir dann wirklich in den Bibeltext einsteigen. Dazu zitiere ich Worte von Jesus aus Matthäus 6,24:

Habt nicht lieb die Welt!

> *„Niemand kann zwei Herren dienen: Entweder er wird den einen hassen und den andern lieben, oder er wird an dem einen hängen und den andern verachten. Ihr könnt nicht Gott dienen und dem Mammon."*

Ich weiß nicht, welche Gedanken Ihnen jetzt durch den Kopf gehen, wenn Sie diese Geschichte vom Propheten Elia hören und anschließend die Worte von Jesus. Lassen Sie mich Ihnen ein wenig helfen. Worauf es hier ankommt ist dieses „entweder - oder", entweder das eine oder das andere. Es gibt keine Grauzone! Das ist nicht nur meine Erfahrung, wenn es um den Glauben an Jesus Christus geht. Wer von sich sagt, dass er an Jesus Christus glaubt, für den sind Kompromisse keine Option. Sie können nur ganz Gott dienen oder ganz sich selbst, oder der Welt, oder wie man das immer nennen mag - keine Grauzone!

Und das ist der Hintergrund, auf dem die Worte aufbauen, die der Apostel Johannes an die Christen in Kleinasien gerichtet hat. Es ist nicht die Aussage dieses Bibeltextes sondern der Hintergrund: Entweder - oder. Dazu zitiere ich die Sätze aus 1. Johannes 2,12-17:

> *„Liebe Kinder, ich schreibe euch, dass euch die Sünden vergeben sind um seines Namens willen. 13 Ich schreibe euch Vätern; denn ihr kennt den, der von Anfang an ist. Ich schreibe euch jungen Männern; denn ihr habt den Bösen überwunden. 14 Ich habe euch Kindern geschrieben; denn ihr kennt den Vater. Ich habe euch Vätern geschrieben; denn ihr kennt den, der von Anfang an ist. Ich habe euch jungen Männern geschrieben; denn ihr seid stark und das Wort Gottes bleibt in euch, und ihr habt den Bösen überwunden. 15 Habt nicht lieb die Welt noch was in der Welt ist. Wenn jemand die Welt lieb hat, in dem ist nicht die Liebe des Vaters. 16 Denn alles, was in der Welt ist, des Fleisches Lust und der Augen Lust und hoffärtiges Leben, ist nicht vom Vater, sondern von der Welt. 17 Und die Welt vergeht mit ihrer Lust; wer aber den Willen Gottes tut, der bleibt in Ewigkeit."*

Ein berühmter unter den sog. Kirchenvätern mit Namen Augustinus sagte einmal: „Gib mir Gott, was du befiehlst, und dann befiehl, was du willst." Lesen Sie es noch einmal, denn es ist ein bemerkenswerter

Satz: „Gib mir Gott, was du befiehlst, und dann befiehl, was du willst". Oder wenn ich es mit meinen Worten sagen wollte: „Stelle mir das zur Verfügung, was ich brauche, um das erfüllen zu können, was du von mir haben möchtest". Auch diesen Satz noch einmal: „Stelle mir das zur Verfügung, was ich brauche, um das erfüllen zu können, was du von mir haben möchtest".

Ich betone dies so, weil wir damit auf ein biblisches Prinzip stoßen, das beim Lesen der Bibel sehr oft vergessen wird. Es gibt eine Stelle in der Bibel, an der Jesus in einem Gleichnis vom Weinstock und den Reben mit folgenden Worten endet (Johannes 15,5): *„... denn ohne mich könnt ihr nichts tun!"* Demütig wie wir sind, nehmen wir diese Worte wohlwollend zur Kenntnis, und das ist zunächst einmal richtig so. Aber was bedeutet es denn, wenn Jesus sagt, *„...ohne mich könnt ihr nichts tun"*? Es bedeutet im Umkehrschluss, dass wir mit Jesus alles tun können! Und die Betonung liegt dabei auf „mit" Jesus.

Da haben wir wieder dieses Prinzip, das übrigens auch von einem anderen getragen wird, nämlich, dass sich die Schrift immer selbst auslegt. Jesus deutet hier das Prinzip Gottes an, dass er von seinen Kindern überhaupt nichts erwarten wird, zu dem er sie nicht in irgendeiner Weise vorbereiten und/oder befähigen wird. „Gib mir Gott, was du befiehlst, und dann befiehl, was du willst." Und deswegen fangen die Worte des Johannes auch nicht an mit *„Habt nicht lieb die Welt!"* Auf welcher Basis sollte das denn geschehen? Wie sollten wir denn das bewerkstelligen, wo wir doch mitten in dieser Welt leben und auch mit ihr verbunden sind?

Nein, Johannes fängt anders an, weil er gar nicht anders kann, als den Prinzipien seines Herrn und Meisters zu folgen, nach denen seinen Kindern zuerst einmal gesagt wird, was sie haben. Und erst wenn das klar ist, kann es um das gehen, was gefordert ist, oder was sich als Konsequenz aus dem ergibt, was uns als Kinder Gottes von Gott selbst geschenkt worden ist.

Das kommt zunächst einmal in der Tatsache zum Ausdruck, die wir in Vers 12 lesen können: *„Liebe Kinder, ich schreibe euch, dass euch die Sünden vergeben sind um seines Namens willen"*. Das nehmen wir gerne in Anspruch. Aber Sie sollten es nicht zu schnell für sich selbst abhaken.

Denn was Johannes hier sagt, hat mir den Atem verschlagen, als ich es in seiner tiefen Bedeutung für mich verstanden habe. Im Deutschen liest sich das so einfach. Aber in der griechischen Sprache des Urtextes kommt hier von der Grammatik her zum Ausdruck, dass es um eine Handlung geht, die abgeschlossen ist, die aber dennoch Auswirkungen bis in die Gegenwart hat.

Damit schließt Johannes nahtlos an die Aussage aus dem ersten Kapitel an, wo es ihm darum ging, dass Sünde einmalig vergeben wird, wenn Menschen sich für ein Leben mit Jesus entscheiden, die Sünde von gestern, die von heute und sogar die von übermorgen! Alles ist vergeben worden, dort am Kreuz auf Golgatha. Das ist Gnade! Eine Gnade, wegen der Paulus sich eines Tages rechtfertigen musste, und deshalb an die Christen Folgendes schreibt (Römer 6,1-2):

„Sollen wir denn in der Sünde beharren, damit die Gnade umso mächtiger werde? 2 Das sei ferne! Wie sollten wir in der Sünde leben wollen, der wir doch gestorben sind?"

Der Vorwurf war: „Wenn unsere Sünde alle schon jetzt vergeben ist, dann können wir ja sündigen, bis der Arzt kommt. Es ist ja eh alles vergeben!" Und Paulus sagt: „Das ist völliger Unsinn! Wie könnte ein Mensch sich gegen die Wünsche dessen entscheiden, dem er sein Leben übergeben hat. Wir leben doch nicht mehr für uns selbst!" (Galater 2,20):

„Ich lebe, doch nun nicht ich, sondern Christus lebt in mir. Denn was ich jetzt lebe im Fleisch, das lebe ich im Glauben an den Sohn Gottes, der mich geliebt hat und sich selbst für mich dahingegeben."

Unsere Sünden sind uns also vergeben. Übrigens schreibt er das den Kindern. Und damit sind nicht die Kinder vom Alter her gemeint, sondern die Anfänger im Glauben. Wenn sich jemand für Jesus entscheidet, dann ist er ein Kind Gottes, aber auch ein Kind im Glauben. Er fängt an, die ersten Schritte im Glauben zu gehen. Diesen Kindern sagt Johannes, dass ihnen von Anfang an ihre Sünden ein für alle Mal vergeben sind, *„um seines Namens willen"*. Das ist in der griechischen Sprache ein Fachausdruck aus der Finanzsprache. *„...um seines Namens willen..."* heißt dann so viel wie: „Auf Rechnung von...".

Ich habe das einmal ganz praktisch erlebt, Ende der 90er Jahre, als ich Pastor war im Liebenzeller GemeinschaftsVerband. In dieser Zeit hat mich ein Geschäftsmann zu einem Ausflug nach München eingeladen. Er wollte einfach einen Tag mit mir verbringen. In München angekommen spazierten wir durch die Fußgängerzonen. Vor einem Geschäft mit Schmuck und Uhren hielt er an und sagte: „Suche dir eine Uhr aus dem Sortiment aus!" Ich war zunächst überrascht und etwas geschockt, denn er führte mich an eine Auslage mit Uhren, die ich mir auf keinen Fall geleistet hätte. Doch ich hatte keine Chance, ich musste mir eine Uhr aussuchen, die er mir kaufen wollte. Also suchte ich mir eine Uhr heraus auf Rechnung dieses Geschäftsmannes. Das war ein eigenartig schönes Gefühl: Ich durfte heraussuchen, er bezahlte, und es gehörte im Anschluss daran dennoch voll und ganz mir!

Jesus Christus lädt jeden Menschen auf eine Lebensreise ein. Nicht nur auf einen Ausflug. Und dann stellt er sie vor die Auslage seines Angebotes und sagt: „Nimm die Vergebung deiner Sünden voll und ganz in Anspruch. Ich bezahle!" Kein Mensch auf dieser Welt konnte diesen Preis bezahlen. Jesus hat ihn bezahlt. Damit ist es ein für alle Mal gültig: „Deine Sünden sind dir vergeben!" Ganz oder gar nicht! Entweder - oder! Ich hätte zu dem Geschäftsmann nicht sagen können: „Ok, kaufe mir bitte eine halbe Uhr. Vielleicht das Armband und das Zifferblatt!" Das ist völlig unvorstellbar. Vielleicht hilft Ihnen das, den Gedanken des „entweder - oder" etwas besser einzuordnen.

Und dann geht es von den Altersstufen in unserem Text etwas auf und ab. Johannes spricht die Väter im Glauben an, dann die jungen Leute, dann wieder die Kinder, die Väter und die jungen Leute. Ich schließe daraus, dass es zunächst einmal nicht auf die Reife im Glauben ankommt, wenn es um die Herausforderungen im Leben geht. Denn, so sagt Johannes, *„ihr kennt den Vater [...] ihr kennt den, der von Anfang an ist".*

Dieses kennen ist mehr als nur ein: „Ja, ich kenne ihn halt!" Im Deutschen gibt es ja diese Floskel: „Kennst du den?" Und dabei geht es meist darum, ob der Name bekannt ist, oder man diese Person schon einmal gesehen hat, oder einfach nur darum, ob der andere weiß, wo betreffende Person gerade wohnt. Aber dieses „kennen" aus unserem Bibeltext geht viel tiefer. Es ist ein kennen, das intimer nicht sein könnte.

Es meint - von der Bedeutung des griechischen Urtextes her - eine intensive Beziehung, die von Herz zu Herz geht.

Das ist, als ob Sie einen Kuchen backen oder eine Soße zubereiten, oder, für die Handwerker unter uns, einen Mörtel anrühren: Wenn Sie die verschiedenen Beigaben zusammengerührt haben, sind sie nicht mehr zu trennen. Sie haben dann einen Kuchenteig für einen schmackhaften Rührkuchen, oder eine helle Bechamel-Soße oder den Mörtel, mit dem Sie eine Mauer hochziehen können. Die Substanzen sind völlig eins geworden. Genau das und noch viel mehr bedeutet dieses Wörtchen „erkennen".

Wer den Vater im Himmel auf diese Weise „kennt", der ist mit ihm völlig eins geworden. Ganz im Sinne des vorhin zitierten Verses aus dem Galater-Brief: *„Ich lebe, doch nun nicht ich, sondern Christus lebt in mir..."* Eine völlige Einheit des Geschöpfes mit seinem Schöpfer. Eine intime Beziehung zwischen dem Vater und seinen Kindern.

Und damit werden die Grundlagen langsam deutlicher, auf denen die folgenden Erwartungen Jesu an seine Jünger stehen. Doch zunächst noch eines, denn aller guten Dinge sind drei. So schreibt Johannes hier: *„...ihr seid stark und das Wort Gottes bleibt in euch, und ihr habt den Bösen überwunden"*. Das ist wichtig für uns Menschen, denn wir neigen dazu, vergesslich zu sein, wenn es um die guten Dinge im Leben geht. Hier möchte Johannes einen Gedächtnispunkt setzen: „Erinnere dich! Du bist stark! Das Wort Gottes bleibt in dir! Du hast das Böse bereits überwunden! Egal, was kommt: Das gilt!" Ganz in dem Sinne, wie es der Prophet Jeremia im Alten Testament der Bibel sagt (Jeremia 6,16):

„Tretet hin an die Wege und schaut und fragt nach den Wegen der Vorzeit, welches der gute Weg sei, und wandelt darin, so werdet ihr Ruhe finden für eure Seele!"

Das ist nicht bloß eine psychologische Masche in Form von positivem Denken, bei dem man mit einer rosaroten Brille alles schön anmalen soll. Nein, jedes Kind Gottes hat schon etwas erlebt mit Jesus. An der einen oder anderen Stelle des Lebens ist es gelungen, dem Bösen zu widerstehen. Es wurde nicht gelogen, obwohl eine Notlüge der einfachere Weg gewesen wäre. Es wurde nicht betrogen, obwohl es der Finanzbeamte vielleicht nicht bemerkt hätte...

Und das, weil der biblische König David in Psalm 119,105 schreibt: *„Dein Wort ist meines Fußes Leuchte und ein Licht auf meinem Weg".* Oder wie Johannes sagt: *„...das Wort Gottes bleibt in euch...".* Das prägt unser Leben. Jesus hat allen seinen Kindern versprochen, dass sie der Heilige Geist erinnern wird (Johannes 14,26).

Erinnern an was? An alle die Worte, die er zu uns geredet hat. Und woher weiß ich, was Jesus zu uns geredet hat? Wenn ich in seinem Wort lese. Wissen Sie, Gottes Wort zu lesen dient nicht dem Selbstzweck. Ich lese nicht, damit ich eine bestimmte Lesemenge abgearbeitet habe. Natürlich hört es sich gut an, wenn man sagen kann: „Ich habe die Bibel mehrmals durchgelesen". Ich muss zugeben, dass dies lange Zeit mein Ziel war, wenn ich die Bibel gelesen habe. Ich wollte dem Ganzen noch die Krone aufsetzen und habe die Bibel durchgearbeitet. Das heißt, es gibt bei mir zu Hause mindestens vier Bibeln, die von vorne bis hinten angestrichen sind, Satz für Satz, Stelle für Stelle.

Und dann habe ich noch massenhaft Bibelstellen auswendig gelernt, damit ich die entsprechende Bewaffnung habe, wenn ich in biblischen Diskussionen bestehen muss. Völlig daneben, wegen der völlig falschen Motivation. Der Vorteil des Ganzen ist, dass der Heilige Geist heute manches hat, an das er mich aus der Bibel erinnern kann.

Lesen Sie die Bibel mit der richtigen Motivation: Um Jesus kennen zu lernen, um zu wissen, was Jesus wichtig ist. Lesen Sie die Bibel wie einen Liebesbrief, in dem man alle Worte des anderen aufsaugt und hinter jedes Wort schaut, um den anderen besser kennen zu lernen und seine Wünsche und Herzensanliegen herauszufinden. Dann wird der Geist Gottes diese Worte auch dazu verwenden, Sie im Glauben an Jesus auf der Spur zu halten, wenn der Feind Gottes Sie wieder einmal vom Weg abbringen möchte. Das ist der Hintergrund, auf dem die Worte stehen, auf die ich nun noch kurz eingehen möchte (Kap. 2,15-17):

> *„Habt nicht lieb die Welt noch was in der Welt ist. Wenn jemand die Welt lieb hat, in dem ist nicht die Liebe des Vaters. 16 Denn alles, was in der Welt ist, des Fleisches Lust und der Augen Lust und hoffärtiges Leben, ist nicht vom Vater, sondern von der Welt. 17 Und die Welt vergeht mit ihrer Lust; wer aber den Willen Gottes tut, der bleibt in Ewigkeit."*

Habt nicht lieb die Welt!

„Habt nicht lieb die Welt..." Hier begegnen uns gleich zwei Begriffe, die in unserer Sprache sehr vieldeutig sind. Darum möchte ich sie klären. Das Wörtchen „lieb", das hier verwendet wird, ist in der griechischen Sprache eindeutig. Es nennt sich „agapä" und steht über den Worten „phileo", der Bruderliebe, oder „eros" der sexuellen Liebe. Es geht hier um eine Liebe, die göttlich motiviert ist: Die Liebe Gottes wird im NT der Bibel immer mit „agapä" wiedergegeben. Einfach gesagt könnte man also übersetzen: „Verehrt die Welt nicht wie einen Gott, noch das, was in der Welt ist!"

Der Begriff „Welt" kommt bei Johannes etwa 100 Mal vor. „Welt" ist für ihn kein statischer Begriff ist, sondern der Inbegriff von Geschöpfen und deren Verhalten, Wesen und Umfeld. Die „Welt" ist ein umfassender Begriff für die Materie, die Pflanzen, die Tiere und die Menschen. Und damit ist die Welt an sich nicht schlecht. Schlecht wird sie höchstens durch das Verhalten der Menschen, und dadurch, dass es in der Tierwelt - nach dem Sündenfall - nur noch um „fressen und gefressen werden" geht. Bei den Menschen manchmal leider auch.

Dann ist die Welt auch noch der Herrschafts- und Machtbereich des Fürsten dieser Welt. Die Welt gehört zwar dem Teufel nicht, aber er darf seit dem Sündenfall darüber herrschen. Adam und Eva übergaben ihm praktisch dieses Recht, als sie sich im Garten Eden dafür entschieden, sein zu wollen, wie Gott.

Und wer nun diese Welt lieb hat, oder die Dinge dieser Welt verehrt, der verbündet sich damit mit den Machenschaften des Herrn dieser Welt. Hier geht es also nicht um Liebesgefühle, sondern um einen Lebensstil. Das wird auch deutlich dadurch, dass Johannes schreibt: *„Wenn jemand die Welt lieb hat, in dem ist nicht die Liebe des Vaters"*. Sie erinnern sich an Elia auf dem Berg Karmel, und an das, was Jesus gesagt hat? Es gibt keine Grauzone. Das wird auch hier wieder deutlich hervorgehoben. Entweder Sie verehren die Welt, oder sie verehren den Vater im Himmel, während Sie in dieser Welt leben.

Und was es da zu verehren gibt, das wird uns mit drei Bereichen beschrieben: *„...des Fleisches Lust und der Augen Lust und hoffärtiges Leben..."* Oder man könnte auch sagen: Begierde des Fleisches - Begierde der Augen - prahlerischer Lebenswandel!

Das Wort „Begierde" wird in der deutschen Sprache nicht mehr so häufig verwendet. In diesem Begriff stecken das „Haben wollen" und das „Genießen wollen", und dies in aller Regel mit sehr egoistischen Motiven. Sie sollten es aber nicht so verstehen, dass wir als Christen nichts mehr genießen dürften oder es schon negativ ist, wenn wir mal etwas haben wollen. Ganz und gar nicht. Der Punkt sind die egoistischen Motive, die sich hinter der Begierde verbergen. Die Inhalte dafür finden wir z.B. bei der Begierde des Fleisches oder des Menschen im Brief des Paulus an die Christen in Galatien (Galater 5,19-21):

> *„Offenkundig sind aber die Werke des Fleisches, als da sind: Unzucht, Unreinheit, Ausschweifung, 20 Götzendienst, Zauberei, Feindschaft, Hader, Eifersucht, Zorn, Zank, Zwietracht, Spaltungen, 21 Neid, Saufen, Fressen und dergleichen. Davon habe ich euch vorausgesagt und sage noch einmal voraus: Die solches tun, werden das Reich Gottes nicht erben."*

Das hört sich alles nicht wirklich positiv an. Aber wenn Sie ehrlich sind zu sich selbst, werden Sie sich dennoch in der einen oder anderen Spielart dieser Begierde vielleicht wieder finden. Das heißt nicht, dass Sie damit ein Liebhaber der Welt sind, aber es zeigt, wie sehr Sie aufpassen müssen, auf was und mit wem Sie sich einlassen.

Die Begierde der Augen wird in 1. Mose 3,6 richtig schön bildhaft gemacht. Auch wenn wir Menschen diesen Moment in der Menschheitsgeschichte lieber ausradieren würden. Es geht dabei um Eva, als sie vor dem Baum der Erkenntnis des Guten und Bösen stand:

> *„Und die Frau sah, dass von dem Baum gut zu essen wäre und dass er eine Lust für die Augen wäre und verlockend, weil er klug machte. Und sie nahm..."*

Unsere Augen sind für mich der spannendste der fünf Sinne des menschlichen Körpers. Man kann kaum verhindern, dass die Augen etwas anschauen, höchstens man macht sie zu. Wenn die Augen nichts mehr zu sehen haben, bleiben sie ruhig. Unsere Augen sind ein Kanal, durch den ganz viele Eindrücke in unseren Verstand und unsere Seele gelangen. Und nicht alles, was durch die Augen bei uns ankommt, hat auch wirklich gute Auswirkungen. Siehe das Beispiel von Eva.

Ihre Augen verhalfen ihr letztlich dazu, alles andere zu vergessen und zuzugreifen. Doch dies hatte Auswirkungen, nicht nur auf sie selbst, sondern auch auf die ganze Menschheit. Und weil das im Kleinen immer noch so ist, warnt uns Jesus, auf unsere Augen aufzupassen. In der Bergpredigt sagt er dazu (Matthäus 6,22-23):

> *„Das Auge ist das Licht des Leibes. Wenn dein Auge lauter ist, so wird dein ganzer Leib licht sein. 23 Wenn aber dein Auge böse ist, so wird dein ganzer Leib finster sein. Wenn nun das Licht, das in dir ist, Finsternis ist, wie groß wird dann die Finsternis sein!"*

Ich glaube, dass unsere Augen nicht nur durch die Alterskurzsicht schlechter werden, sondern auch dadurch, dass sie zu viel Negatives, Unreines und Böses zu sehen bekommen. Und vielleicht verursachen auch die Augen bei dem einen oder anderen Menschen manche Krankheit in seinem Leben. Dies nicht als Strafe Gottes, weil er Böses oder Unreines angeschaut hat. Sondern als natürliche Folge dessen, dass die Dinge, die unsere Augen zu sehen bekommen, auch Auswirkungen auf unseren Leib haben. Wir haben es hier also mit einer Gesetzmäßigkeit der Schöpfung zu tun. Es ist sicher spannend, einmal darüber nachzudenken, was Sie sich so alles anschauen.

Und schließlich noch der dritte Bereich, „hoffärtiges Leben" oder „prahlerischer Lebenswandel". Dieses „hoffärtig" oder „prahlerisch" stammt im Griechischen ab von Betrüger oder Hochstapler, also Menschen, die anderen Menschen etwas vormachen, sie belügen, betrügen oder irgendwelche Dinge versprechen, die sie gar nicht halten können oder wollen.

Das alles, inklusive der Begierden, ist nicht vom Vater, sondern von der Welt, bzw. dem Herrscher dieser Welt - dem Teufel - inspiriert. Das stellt Johannes hier relativ nüchtern fest. Das ist auch das, was mir an dieser Passage sehr gefällt: Hier wird überhaupt kein Druck gemacht. Johannes beschreibt die Fakten, was in der Welt und von der Welt ist. Er sagt, was geht und was nicht, nämlich, dass man sich als Christ entweder ganz intensiv und intim auf die Liebe des Vaters einlässt oder eben mit der Welt verbandelt ist. Frei nach dem, was Jesus gesagt hat: „Du kannst nicht zwei Herren dienen!"

Und dann schließt er diesen Abschnitt mit den Worten (Vers 17):

„Und die Welt vergeht mit ihrer Lust; wer aber den Willen Gottes tut, der bleibt in Ewigkeit."

Damit haben Sie jetzt die Wahl. Fakt ist, dass diese Welt einfach vergehen wird. Und wer sich auf die Begierden und den Lebensstil dieser Welt einlässt, wird einfach mit dieser Welt vergehen: *„Die Welt vergeht mit ihrer Lust"*.

Wer sich aber eines Besseren besinnt, dem winkt ein ewiges Leben. Es gibt demnach zwei Alternativen: Entweder eines Tages mit dem Herrscher dieser Welt vergehen, oder mit dem Schöpfer und Besitzer des Universums bis in alle Ewigkeit zusammen leben. Sie haben die Wahl, so als ob Sie an einer Wegegabelung stehen und entscheiden müssen, in welche Richtung sie gehen können. Einen Mittelweg gibt es nicht. Entweder vergehen oder ewig leben. In diesem Sinne: *„Habt nicht lieb die Welt!"*

Die letzte Stunde hat geschlagen!

(1. Johannes 2,18-27)

Wir werden uns jetzt mit einem spannenden Abschnitt beschäftigen: Ein Thema, dass die Menschen zu allen Zeiten dazu animiert hat, Fantasy-Romane zu schreiben, Science-Fiction-Filme zu drehen und alle möglichen endzeitlichen Szenarien zu beschreiben bzw. den Menschen nahe zu bringen. Ich habe dieses Thema deshalb so formuliert: „Die letzte Stunde hat geschlagen!" Wobei wir gleich noch merken werden, dass wir diese „letzte Stunde" durchaus weiter denken müssen als nur im Rahmen von 60 Minuten. Aber dazu gleich mehr. Zunächst einmal zitiere ich einen Bibeltext dazu aus 1. Johannes 2,18-27:

> „Kinder, es ist die letzte Stunde! Und wie ihr gehört habt, dass der Antichrist kommt, so sind nun schon viele Antichristen gekommen; daran erkennen wir, dass es die letzte Stunde ist. 19 Sie sind von uns ausgegangen, aber sie waren nicht von uns. Denn wenn sie von uns gewesen wären, so wären sie ja bei uns geblieben; aber es sollte offenbar werden, dass sie nicht alle von uns sind. 20 Doch ihr habt die Salbung von dem, der heilig ist, und habt alle das Wissen. 21 Ich habe euch nicht geschrieben, als wüsstet ihr die Wahrheit nicht, sondern ihr wisst sie und wisst, dass keine Lüge aus der Wahrheit kommt. 22 Wer ist ein Lügner, wenn nicht der, der leugnet, dass Jesus der Christus ist? Das ist der Antichrist, der den Vater und den Sohn leugnet. 23 Wer den Sohn leugnet, der hat auch den Vater nicht; wer den Sohn bekennt, der hat auch den Vater 24 Was ihr gehört habt von Anfang an, das bleibe in euch. Wenn in euch bleibt, was ihr von Anfang an gehört habt, so werdet ihr auch im Sohn und im Vater bleiben. 25 Und das ist die Verheißung, die er uns verheißen hat: das ewige Leben. 26 Dies habe ich euch geschrieben von denen, die euch verführen. 27 Und die Salbung, die ihr von ihm empfangen habt, bleibt in euch, und ihr habt nicht nötig, dass euch je-

mand lehrt; sondern wie euch seine Salbung alles lehrt, so ist's wahr und ist keine Lüge, und wie sie euch gelehrt hat, so bleibt in ihm."

Der Verhaltensforscher und Philosoph, Konrad Lorenz, sagte einmal Folgendes, über den Zustand der Welt: „Wenn man mit wachen Augen alles betrachtet, was gegenwärtig geschieht, kann man einem Gläubigen nicht widersprechen, der die Ansicht vertritt, der Antichrist sei los". Und dieses Zitat stammt aus den 90er Jahren des letzten Jahrhunderts.

Laut der Organisation „Open Doors", die sich speziell dem Thema der verfolgten Christen weltweit angenommen hat, haben wir derzeit die größte Christenverfolgung aller Zeiten. Es geht „Anti-Christus", gegen die Christen. Im Jahr 2015 ging man davon aus, dass in über 50 Ländern ca. 100 Millionen Menschen verfolgt werden, weil sie an Jesus glauben!

Auf der anderen Seite haben wir auch in Deutschland eine solche religiöse Vielfalt, dass man schon vom „Markt der religiösen Möglichkeiten" sprechen könnte, auf dem sich jeder Mensch seinen religiösen Flickenteppich nähen kann, mit dem er dann glaubt, besser leben zu können. Jesus selbst sagte über diese Zeiten Folgendes (Matthäus 24,5-12):

„Denn es werden viele kommen unter meinem Namen und sagen: Ich bin der Christus, und sie werden viele verführen. 6 Ihr werdet hören von Kriegen und Kriegsgeschrei; seht zu und erschreckt nicht. Denn das muss so geschehen; aber es ist noch nicht das Ende da. 7 Denn es wird sich ein Volk gegen das andere erheben und ein Königreich gegen das andere; und es werden Hungersnöte sein und Erdbeben hier und dort. 8 Das alles aber ist der Anfang der Wehen. 9 Dann werden sie euch der Bedrängnis preisgeben und euch töten. Und ihr werdet gehasst werden um meines Namens willen von allen Völkern. 10 Dann werden viele abfallen und werden sich untereinander verraten und werden sich untereinander hassen. 11 Und es werden sich viele falsche Propheten erheben und werden viele verführen. 12 Und weil die Ungerechtigkeit überhand nehmen wird, wird die Liebe in vielen erkalten."

Die letzte Stunde hat geschlagen!

Das hat Jesus vor fast 2000 Jahren gesagt! Wer sich die Nachrichten im Fernsehen anschaut weiß, dass er Recht behalten hat. Religiöse Strömungen, die das Seelenheil und ewiges Dasein versprechen, sprießen überall aus dem Boden. Gefühlt haben wir auf der ganzen Welt verteilt Regionen, in denen innerhalb der Länder die Völkergruppen gegeneinander aufstehen.

Man spricht dabei von Bruderkriegen, wie sie Jesus vorhergesagt hat: IS-Terror, Syrien, Irak, Boko-Haram, Mali, Al-Kaida, Taliban, Afghanistan, Ukraine, Syrien, Israel, Libyen, Irak, Sudan, und das sind noch gar nicht alle. Große Flüchtlingsströme überziehen - auch deshalb - den Erdball, wie wir im Jahr 2015 in Deutschland hautnah mitbekommen haben. Und auch nach Hungersnöten, Überschwemmungen, Erdbeben und anderen Naturkatastrophen müssen wir nicht lange suchen.

Wenn wir den Umgang damit anschauen, vor allem in Bezug auf die Menschen, die auf der Flucht sind oder Hunger leiden, dann stellen wir fest, dass nicht nur bei den Verantwortlichen in den Regierungen die Herzen sehr kalt geworden sind. Das zieht sich durch alle Gesellschaftsschichten, bis in die Familie hinein, sogar in christliche Familien und Gemeinden.

Man könnte also regelrecht in Endzeitstimmung geraten, Angst bekommen vor dem, was Morgen sein wird! Aber wo führt das hin? Verschiedenste Sekten haben uns dies immer wieder vor Augen geführt. Die Fixierung auf das Ende ist bei diesen Sekten so stark, dass alles verkauft und nur noch auf das Ende gewartet wird. Manche führen es sogar selbst herbei, indem sie Massen-Selbstmord begehen, oder ähnliche schreckliche Handlungen. Darum ist es wichtig, zunächst einmal einen Schritt zurück zu gehen und zu versuchen, die Dinge objektiv zu betrachten, ganz in dem Sinne, wie es Jesus beschrieben hat in Matthäus 24,6+8+13:

> *"Seht zu und erschreckt nicht. Denn das muss so geschehen; aber es ist noch nicht das Ende da [...] Das alles aber ist der Anfang der Wehen [...] Wer aber beharrt bis ans Ende, der wird selig werden."*

Bei diesen Betrachtungen wird verschiedenes deutlich: Ja, wir befinden uns in der „letzten Stunde". Aber damit ist die Zeit der sog. Endzeit gemeint. Und diese Endzeit ist der Zeitraum, der mit der Himmelfahrt Jesu begonnen hat und erst mit seiner Wiederkunft auf dieser Erde zu Ende sein wird. Wir befinden uns also schon seit fast 2000 Jahren in der Endzeit. Deshalb muss uns das alles zunächst nicht erschrecken, wie Jesus selbst es zu uns gesagt hat. Aber es soll uns dazu animieren, genau hinzuschauen, damit die Zeichen der Zeit nicht an uns vorbeiziehen und wir eines Tages tatsächlich überrascht werden von den Dingen, die in der Bibel eigentlich schon vorausgesagt wurden.

Also: kein künstliches Endzeitszenario im Science-Fiction-Stil, aber auch keine Gleichgültigkeit, bei der auch wir Christen einfach nur vor uns hin leben und unseren Alltag bewältigen nach dem Motto: Wird schon alles gut gehen! Und deshalb ist es auch gut, dass es in der Bibel solche Texte wie diesen gibt, in dem Johannes uns als Christen ein wenig wachrütteln möchte. Dabei spricht Johannes von einer interessanten Person, deren Namen wir nur bei ihm finden. Er spricht von einem „Antichristen".

Doch wer ist eigentlich der Antichrist, von dem Johannes hier spricht? Woran kann man ihn erkennen? Wie wird er sich äußern bzw. zeigen in dieser Welt? Der ehemalige Dekan Kurt Hennig schrieb einmal dazu:

„In der Sixtinischen Kapelle in Rom sieht man auch Michelangelos (1475-1564) hochberühmtes, riesiges Wandbild vom Jüngsten Gericht. Die Anregung dazu hatte der junge Michelangelo durch eine Darstellung im wundervollen Dom von Orvieto empfangen. Zu den Bildern, die im Zusammenhang mit diesem Weltgerichtsgemälde stehen, gehört auch die Darstellung, die in der christlichen Kunst ziemlich einzigartig ist: das Bild vom Antichristen. Da sieht man im Vordergrund vor einer Menge von Leuten eine Gestalt stehen, die nach Kleidung und ganzer Haltung zum Verwechseln an Jesus Christus erinnert. Erst bei genauerem Hinsehen bemerkt man, dass die Gesichtszüge des Antichristus krampfhaft angespannt, fast verzerrt wirken. Sonst aber ist er dem wahren Christus verwirrend ähnlich, und die Menschen laufen ihm auch nur so zu."

Wer ist also der „Antichrist"? Im griechischen setzt sich dieses Wort zusammen aus „anti" und „christos". „anti" kennen wir von dem deutschen Wort „anti" = „gegen", und das Wort „christos" = „Christus". „Antichristus" ist also wörtlich genommen ein „Gegenchristus".

Ganz so, wie ihn Johannes in Vers 22 beschreibt: *„Wer ist ein Lügner, wenn nicht der, der leugnet, dass Jesus der Christus ist? Das ist der Antichrist, der den Vater und den Sohn leugnet."* Oder in Kapitel 4,3: *„Ein jeder Geist, der Jesus nicht bekennt, der ist nicht von Gott. Und das ist der Geist des Antichrists, von dem ihr gehört habt, dass er kommen werde, und er ist jetzt schon in der Welt."* Und Johannes äußert sich noch ein weiteres Mal zu dem Antichristen, in seinem zweiten Brief (2. Johannes 7):

> *„Denn viele Verführer sind in die Welt ausgegangen, die nicht bekennen, dass Jesus Christus in das Fleisch gekommen ist. Das ist der Verführer und der Antichrist."*

Für Johannes ist derjenige ein Antichrist, der sich widerrechtlich an die Stelle Jesu setzt und leugnet, dass er Gottes Sohn ist. Und diese Eigenschaften wird auch der letzte große Anführer dieser Erde einmal haben! Derjenige, der alle Völker einmal zusammen führen wird, um gegen Jesus Christus anzutreten (siehe Offenbarung des Johannes).

Wenn wir das Ganze jetzt noch einmal in den Zusammenhang des Briefes einordnen, in dem diese Sätze zu lesen sind, dann wird klar, worum es Johannes dabei geht: Er schrieb diesen Brief gegen die Irrlehrer, die aus den eigenen Reihen der Gemeinde hervorgegangen sind und die Menschen verführen möchten. Wenn wir das betrachten, geht es nicht in erster Linie um die großen Entwicklungen in der Geschichte der Welt, sondern es geht Johannes darum, dass wir uns als Christen vor den vielen kleinen verführerischen Antichristen in Acht nehmen, die uns vom eigentlichen Weg des Glaubens abbringen können! Und ich meine, die sind viel gefährlicher! Vor allem dann - wie ja auch hier im Brief angedeutet -, wenn sie aus den eigenen Reihen kommen. Haben Sie schon einmal einem Menschen vertraut, und es kam irgendwann das böse Erwachen, weil Ihr Vertrauen aufs Tiefste enttäuscht wurde?

Davor will Johannes alle Christen bewahren. Dass wir den süßen Worten derer nicht auf den Leim gehen, die uns ein falsches Evangelium verkündigen, nur weil wir sie schon länger kennen und ihnen deshalb vertrauen. Das bedeutet nicht, dass wir nun anfangen müssen, jedem Menschen mit starkem Misstrauen zu begegnen, das nicht! Aber Johannes motiviert uns dazu, wachsam zu sein und alles zu prüfen, was wir an Evangelium zu hören bekommen. Das gilt auch hier und heute.

Nehmen Sie nicht einfach alles an, was Sie von mir hören, sondern filtern Sie es durch die Worte der Heiligen Schrift. Und wenn es in Ordnung ist, dann lassen Sie es in Ihr Herz fließen.

„Kinder, es ist die letzte Stunde!" So leitet Johannes diesen Textabschnitt ein, um den es uns gerade geht. Ich habe weiter vorne schon angedeutet, dass diese „letzte Stunde" vermutlich die längste Stunde ist, die es jemals gegeben hat. Dies, weil sie vor ca. 2000 Jahren begonnen hat und erst zu Ende sein wird, wenn Jesus sichtbar wiederkommt. Diese sog. „Endzeit" kommt also nicht irgendwann, und sie kommt auch nicht erst jetzt, weil wir uns gerade in einer Phase befinden, in der viele Zeichen auftreten, die mit der letzten Zeitphase dieser Endzeit in Verbindung gebracht werden. Nein, wir Menschen leben schon seit fast 2000 Jahren in dieser Zeit.

Für mich ist das ein Anlass, diesen Zeitabschnitt noch etwas näher zu betrachten. Dabei komme ich auf drei verschiedene Ausprägungen oder Charakteristiken, die diese Endzeit prägen. Und die möchte ich nun noch etwas ausführen:

1. Endzeit ist Heilszeit

Mit Heilszeit verbinde ich eine Zeit, in der jedem Menschen die Chance gegeben ist, sich für ein Leben mit Jesus Christus zu entscheiden und sein Leben vor Gott und - wo nötig - auch vor Menschen in Ordnung zu bringen. Es geht darum, von seinen Sünden innerlich und äußerlich heil zu werden: darum Heilszeit.

Bis Vers 22 ging es dem Apostel Johannes um die Antichristen, sprich um Menschen, die sich gegen Jesus Christus stellen. Wenn Sie nur darauf schauen würden, könnten Sie gar nicht so deutlich erkennen, dass sich dies alles mitten in einer Heilszeit abspielt, in einer Zeit, in der Menschen heil werden können. Aber in den restlichen fünf Versen in unserem Abschnitt macht es Johannes sehr klar, dass die sog. „letzte Stunde" doch eine Heilszeit ist, z.B. in Vers 23, wo es heißt: *„Wer den Sohn bekennt, der hat auch den Vater!"*

Der Fixpunkt liegt dabei auf dem Wort „bekennen". „Bekennen" hat die gleiche Wortwurzel wie das „Kennen". Und gemeint ist mit „bekennen" ein „bekanntmachen - gestehen - als Überzeugung aussprechen - bezeugen". Im griechischen Neuen Testament geht es dabei um „zusichern - zusagen - zugestehen - vor Gericht eine Aussage machen - Zeugnis ablegen - feierliche Glaubensaussagen machen". Der Gegensatz davon ist „verleugnen". Das meint so viel wie „verheimlichen - zu jemandem NEIN sagen - sich nicht mehr öffentlich zu jemandem stellen - treulos werden - ablehnen - Zugehörigkeit leugnen". Man könnte also Vers 23 frei übersetzen:

„Wer zu Jesus NEIN sagt, sich nicht öffentlich zu ihm stellt oder ihn ablehnt, kann keine Gemeinschaft mit Gott haben; wer aber Jesus bekanntmacht, ihn als Überzeugung ausspricht und von ihm Zeugnis ablegt, der hat Gemeinschaft mit Gott."

Das Ganze ist in der Gegenwartsform geschrieben. Das zeigt an, dass es, wie in einem Prozess, dauerhaft anhält. Und das heißt auch, dass diese Entscheidung - dafür oder dagegen -, bis zur Wiederkunft von Jesus Christus auf dieser Erde, zu jeder Tages- und Nachtzeit möglich sein wird! Auch darum ist die Endzeit eine Heilszeit.

Wenn also ein Mensch bekennt und anerkennt, dass Jesus Christus, der Sohn Gottes ist, wird er von seiner Sünde befreit. Damit hat er freien Zugang zum Vater, und ist schließlich für alle Zeit und Ewigkeit gerettet! Ganz in dem Sinne, wie es Paulus an uns Christen geschrieben hat (Römer 10,9-10):

„Denn wenn du mit deinem Munde bekennst, dass Jesus der Herr ist, und in deinem Herzen glaubst, dass ihn Gott von den Toten auferweckt hat, so wirst du gerettet. 10 Denn wenn man von Herzen glaubt, so wird man gerecht; und wenn man mit dem Munde bekennt, so wird man gerettet."

Eigentlich ein unbeschreiblich schönes und großzügiges Angebot Gottes in der Endzeit. Die sog. „letzte Stunde" dieser Erde birgt damit für jeden Menschen die Möglichkeit zur „ersten Stunde" des ewigen Lebens in sich! Da kann ich nur hoffen und beten, dass immer mehr Menschen diese Möglichkeit nutzen. Und wer sie nutzt, also dieses Angebot annimmt, der empfängt die „Salbung", von der in den Versen 20 und 27 die Rede ist. Salbung, das hat mit der Kraft des Heiligen Geistes zu tun, der uns unsere Rettung immer wieder gewiss machen möchte (Römer 8,16):

Die letzte Stunde hat geschlagen!

"Der Geist selbst gibt Zeugnis unserem Geist, dass wir Gottes Kinder sind!"

Das ist Heilszeit! Das ist aber nur ein Aspekt dieses Verses 23, denn Johannes stellt hier ganz offensichtlich auch eine Antithese gegen gewisse Glaubensrichtungen auf. Denken Sie z.B. an diese sog. Gnostiker. Wenn die irgendetwas weiterzugeben hatten, ging es immer nur um eine besondere Erkenntnis. Doch Jesus selbst wurde als Mensch gewordener Gottessohn nicht anerkannt. Vielleicht wollte Johannes hier auch an sein Evangelium anknüpfen, wo Jesus von sich selbst sagt in Johannes 14,6:

"Ich bin der Weg und die Wahrheit und das Leben; niemand kommt zum Vater denn durch mich."

Es geht also gar nicht nur um besondere Lehren und Erkenntnisse, sondern es geht allein um unsere Stellung zu Jesus Christus, dem Sohn des lebendigen Gottes! Darum wirft Johannes diesen Irrlehrern auch vor, dass sie zwar vorgeben, sie hätten Gotteserkenntnis und es käme bei ihnen auch zum Gottesbekenntnis, dass sie aber Jesus Christus nicht als das akzeptieren, was er eigentlich ist: Einziger Weg - einzige Wahrheit - wahres Leben - Gottes Sohn und einziger Erlöser. Und damit mögen sie vielleicht ein religiöses Bekenntnis abgeben, das aus irgendwelchen religiösen Erkenntnissen stammt, aber eine Beziehung zum Vater haben sie damit nicht.

Und Johannes sagt uns damit, in unserer aufgeklärten und rationalen Gesellschaft, dass der Glaube an irgendein „höheres Wesen" oder an „irgendeinen Gott" zwar vielleicht im irdischen Leben irgendeinen Nutzen haben könnte, aber letztlich nicht ausreicht. Eine Katze auf einem Baum ist auch ein „höheres Wesen". Aber darum geht es nicht. Johannes stellt hier klar, dass in dieser Heilszeit nur derjenige den Himmel sehen wird, der an Jesus glaubt und ihm nachfolgt. Und dabei wird es nicht nur auf fromme Worte ankommen, sondern darauf, ob ein Mensch wirklich mit seinem Herrn Jesus gelebt hat, oder nur seine eigenen, religiösen Wege gegangen ist.

Letztlich zieht Johannes hier eine deutliche Linie zwischen denen, die wirklich Christen sind und denen, die sich nur „Christen" nennen. Und doch bleibt es dabei: Endzeit ist Heilszeit!

2. Endzeit ist Bewährungszeit

Ich zitiere dazu 1. Johannes 2,24:

„Was ihr gehört habt von Anfang an, das bleibe in euch. Wenn in euch bleibt, was ihr von Anfang an gehört habt, so werdet ihr auch im Sohn und im Vater bleiben."

Ist schon ziemlich konservativ, was Johannes hier macht: Pocht hartnäckig auf dem herum, was seine Zuhörer „von Anfang an" gehört haben. Das passt so gar nicht in unsere Zeit und unser Denken, in dem es immer um den neuesten Hype geht, oder? Ich vermute fast, dass die Empfänger dieses Briefes damals auch schon so dachten. Aber genau da liegt die Gefahr, vom Weg abzukommen. Denn das Neueste ist nicht immer gleich das Beste. Darum sollen wir Christen bei dem bleiben, was uns Johannes vom Evangelium berichtet hat. Wir sollen bei dem ursprünglichen Wort Gottes bleiben und uns nicht auf jede Strömung einlassen, die in der Gemeinde aufkommt.

„Schuster - bleib bei deinen Leisten!" Was Johannes hier sagt ist viel moderner als wir glauben. Es geht ihm gar nicht um konservative Frömmigkeit, sondern darum, dass wir immer nur auf Gottes Wort hören und jede neue geistliche Strömung an diesem Wort auf seine Richtigkeit prüfen! Und *„...das bleibe stets in euch"*, also nicht nur ein einmaliger Vorgang. Christsein heißt nicht: „Starten und dann warten!", nämlich darauf, dass Sie einmal bei Jesus sind. Wer sich auf seinem Glauben ausruht, braucht sich nicht zu wundern, wenn das wahre Leben mit Jesus einfach an ihm vorbeigeht.

Christsein heißt, dass Sie sich an Ihrem Glauben aktiv beteiligen, dass Sie bestrebt sind, im Glauben zu wachsen und an dem festzuhalten, was Gott in seinem Wort zu Ihnen sagt. Sie können sich nicht ruhig zurücklehnen und darauf warten, dass Gott schon alles machen wird. Und das heißt nicht, dass er es nicht ohne Sie könnte, ganz im Gegenteil! Aber er möchte, dass Sie sich in dem Sinn beteiligen, wie es Paulus uns Christen ins Stammbuch schreibt (Philipper 2,12-13): *„Schaffet, dass ihr selig werdet, mit Furcht und Zittern"*, also immer so, als würde alles von uns allein abhängen, als könnte uns niemand zum ewigen Leben verhelfen, als nur wir selbst! Dann aber geht es in Vers 13 weiter: *„Denn Gott ist's, der in euch wirkt beides, das Wollen und das Vollbrin-*

gen, nach seinem Wohlgefallen". Auch dies ganz so, wie Jesus es gesagt hat. Sie sehen auch hier, wie die Bibel sich selbst auslegt (Johannes 15,5): *„...denn ohne mich könnt ihr nichts tun"*.

Das ist die Spannung, die nicht aufgelöst werden kann: Dass Sie sehr wohl gefragt sind, an Ihrem Christsein und an Ihrem Leben in der Welt mitzuarbeiten, mitzudenken und zu handeln, dass Sie aber auf der anderen Seite nichts wirklich alleine machen können!

Sich als Christ darin zu bewähren, das ist auch ein Thema der Endzeit. Das wurde mir bei der Gründung des Dienstes HWZ Ministries sehr bewusst. Ich war gefragt, daran mitzuarbeiten, zu organisieren und mitzudenken. Die Schritte zu Steuerberater, Finanzamt, Rechtsanwalt, Bank usw. musste ich selbst gehen. Aber mir war dabei immer klar: Wenn Gott mir keine Gnade und Gunst bei den Menschen schenken wird, bin ich aufgeschmissen. In dieser Zeit habe ich manches auch alleine versucht. Doch die meisten Dinge davon blieben ohne Reaktion, oder der Erfolg blieb einfach aus: *„...ohne mich könnt ihr nichts tun"*.

In diesem Sinne ist es eine Bewährungszeit, in der ich persönlich lebe. Und in der ich manches Mal auch kämpfen muss, mit Gewohnheiten, Denkweisen, Lebensweisen, usw. Darum ist für mich auch das dritte Charakteristikum der Endzeit sehr wichtig:

3. Endzeit ist Kampfzeit

Ich denke, dass in den bisherigen Ausführungen zu diesem Textabschnitt deutlich wurde, dass diese ganze Sache mit unserem Christsein auch ein Kampf ist. Kein menschlicher Kampf, bei dem wir uns gegenseitig die Köpfe einschlagen oder umbringen. Manche verwechseln das, weshalb es in manchen Gemeinden auch hoch her geht. Sondern es geht um einen geistlichen Kampf, weil wir es mit einer Tatsache zu tun haben, die von dem Apostel Petrus in seinem ersten Brief beschrieben wird (1. Petrus 5,8):

> *„Seid nüchtern und wacht; denn euer Widersacher, der Teufel, geht umher wie ein brüllender Löwe und sucht, wen er verschlinge."*

Wachsam sollen wir sein, denn der Teufel versucht mit allen Mitteln das Rettungswerk Jesu kaputt zu machen! Er möchte dass die Endzeit keine Heilszeit, sondern eine Zeit der Krankheit und des Elends ist. Er möchte, dass wir uns nicht bewähren können, sondern dass wir an allen Ecken und Enden versagen. Und dabei weiß er genau, wo unsere Schwachstellen sind, an denen er uns jederzeit angreifen kann, z.B. die eigene Sexualität, das Essverhalten, die Dünnhäutigkeit, das vorschnelle Mundwerk, der Egoismus, usw. Alles Stellen, an denen der Teufel in unserem Leben andocken kann, um uns von einem Leben mit Jesus abzuhalten, oder es zumindest zeitweise zu unterbinden.

Aber bedenken Sie bei aller Wachsamkeit, die Sie bewahren müssen: Der Teufel kämpft letztlich mit stumpfen Waffen. Er geht nur umher „wie" ein brüllender Löwe. Er ist nur eine Kopie des Originals. Wenn sie genau hinschauen, dann begegnet ihnen eine schwache Miezekatze, weil klar ist, wer der wahre Löwe ist (Offenbarung 5,5):

Siehe, es hat überwunden der Löwe aus dem Stamm Juda.

Das ist Jesus Christus. Wenn wir an ihn glauben und ihm nachfolgen, wird der Kampf erfolgreich sein, denn hier kämpft der wahre Löwe, gegen einen zahnlosen Stubentiger. Deshalb hat Johannes gesagt (1. Johannes 5,4):

Unser Glaube ist der Sieg, der die Welt überwunden hat.

Deshalb können wir uns in der Endzeit freuen wie ein Schüler sich in der letzten Stunde freut. Denn danach ist die Schule aus und es wartet etwas für ihn viel Schöneres auf ihn (nach den Hausaufgaben):

Endzeit ist Heilszeit: Jeder Mensch kann innerlich und äußerlich heil werden!

Endzeit ist Bewährungszeit: Mit der Bibel in der Hand können Sie das Leben meistern!

Endzeit ist Kampfzeit: An der Seite des Löwen von Juda können Sie gegen die Angriffe des zahnlosen Löwen bestehen!

Die letzte Stunde hat geschlagen! Ich möchte Ihnen Mut machen, diese Endzeit als Herausforderung anzunehmen, aber auch als Chance zu sehen, für Ihr Leben und auch das Leben anderer Menschen!

Kind Gottes und Sünde, wie Feuer und Wasser?

(1. Johannes 2,28-3,10)

Ich vermute mal, dass auch bei Ihnen kein Tag vergeht, ohne dass Sie nicht irgendwo ein Martinshorn hören. Manchmal hören wir es ja schon gar nicht mehr, weil wir uns an diesen Lärm irgendwie gewöhnt haben. Nicht immer, aber doch sehr oft befindet sich unter diesen Martinhörnern auch eines, das zu einem Feuerwehrauto gehört. Wer dieses hört, der weiß sofort: Es brennt irgendwo! Irgendwo befindet sich ein Feuer. An sich ist Feuer ja nichts Schlechtes. Es war für unsere Vorfahren überlebensnotwendig. Doch wenn es sich an unserem Hab und Gut zu schaffen macht, oder wenn ein Mensch es dazu benutzt, einem anderen zu schaden, dann wird es richtig übel!

Grundsätzlich ist Feuer ein nützliches Element. Für sich allein spendet es Licht und Wärme, und ist damit ein Energieträger, genau wie Wasser. Trotz aller Katastrophen, die mit Wasser geschehen, ist es doch ein Spender von Leben und auch ein Energieträger, wenn man es z.B. in Wasserkraftwerken einsetzt.

Aber nun fährt die Feuerwehr zum Brandort, um das Feuer zu löschen. Dazu verwenden die Feuerwehrleute natürlich Wasser. Und das aus gutem Grund: Kommt nämlich Wasser auf Feuer, dann zieht das Feuer den Kürzeren. Zumindest solange genug Wasser vorhanden ist. Stellt man aber Wasser in einem Topf auf ein Feuer, dann zieht das Wasser den Kürzeren, weil es durch das Feuer zum Kochen kommt und irgendwann einfach in der Luft verdunstet. Dann ist es weg, zumindest aus dem Topf. Feuer und Wasser können also jedes für sich existieren. Kommen sie aber in irgendeiner Weise zusammen, zieht - je nach Lage der Dinge - eines den Kürzeren. Feuer und Wasser sind also totale Gegensätze. Genau diese Tatsache hat mich auf das heutige Thema gebracht: Feuer und Wasser können nicht miteinander.

Könnte dieser Umstand vielleicht ein Bild sein für das Verhältnis zwischen einem Menschen, der an Jesus glaubt, und der Sünde? Ohne dass ich damit sagen möchte, dass eines der beiden Elemente - Feuer

Kind Gottes und Sünde, wie Feuer und Wasser?

oder Wasser - entweder mit Sünde oder mit Christsein zu vergleichen wäre. Aber sollte es in meinem Leben als Nachfolger Jesu und der Sünde nicht genauso zugehen, als würden Feuer und Wasser zusammenkommen? Ist doch eine Überlegung wert, finde ich. Warum ich gerade dieses Bild gewählt habe, werden Sie noch sehen, wenn Sie den dazugehörigen Bibeltext gelesen haben (1. Johannes 2,28-3,10):

> *„Und nun, Kinder, bleibt in ihm, damit wir, wenn er offenbart wird, Zuversicht haben und nicht zuschanden werden vor ihm, wenn er kommt. 29 Wenn ihr wisst, dass er gerecht ist, so erkennt ihr auch, dass, wer recht tut, der ist von ihm geboren. (Kapitel 3) 1 Seht, welch eine Liebe hat uns der Vater erwiesen, dass wir Gottes Kinder heißen sollen - und wir sind es auch! Darum kennt uns die Welt nicht; denn sie kennt ihn nicht. 2 Meine Lieben, wir sind schon Gottes Kinder; es ist aber noch nicht offenbar geworden, was wir sein werden. Wir wissen aber: wenn es offenbar wird, werden wir ihm gleich sein; denn wir werden ihn sehen, wie er ist. 3 Und ein jeder, der solche Hoffnung auf ihn hat, der reinigt sich, wie auch jener rein ist. 4 Wer Sünde tut, der tut auch Unrecht, und die Sünde ist das Unrecht. 5 Und ihr wisst, dass er erschienen ist, damit er die Sünden wegnehme, und in ihm ist keine Sünde. 6 Wer in ihm bleibt, der sündigt nicht; wer sündigt, der hat ihn nicht gesehen und nicht erkannt. 7 Kinder, lasst euch von niemandem verführen! Wer recht tut, der ist gerecht, wie auch jener gerecht ist. 8 Wer Sünde tut, der ist vom Teufel; denn der Teufel sündigt von Anfang an. Dazu ist erschienen der Sohn Gottes, dass er die Werke des Teufels zerstöre. 9 Wer aus Gott geboren ist, der tut keine Sünde; denn Gottes Kinder bleiben in ihm und können nicht sündigen; denn sie sind von Gott geboren. 10 Daran wird offenbar, welche die Kinder Gottes und welche die Kinder des Teufels sind: Wer nicht recht tut, der ist nicht von Gott, und wer nicht seinen Bruder lieb hat."*

Feuer und Wasser können einfach nicht miteinander. Wenn diese Elemente zusammenkommen, dann passiert etwas, dann gibt es Reaktionen, die das jeweils andere Element abstoßen. Feuer und Wasser sind wie Hund und Katze, um noch ein Beispiel aus diesem Reigen anzuführen. Es liegt einfach in der Natur dieser Tiere, dass sie sich nicht mögen - höchstens nach gemeinsamem Aufwachsen oder Dressur. Nun sagt unser Text in seiner zentralen Aussage, dass sich das Leben als Kind Gottes und die Sünde genauso zueinander verhält, wie Feuer und Wasser oder Hund und Katze. Die können nicht zusammenkommen (1. Johannes 3,6+9): *„Wer in ihm bleibt, der sündigt nicht"*, und: *„Wer aus Gott geboren ist, der tut keine Sünde"*.

Wenn wir den Text so nehmen, wie er dasteht, widerspricht er jeglicher Verharmlosung von Sünde. Sünde, so verstanden, bedeutet absolute Trennung von Gott. Und das ist auch verständlich, wenn Sie sich das Bild bewusst machen, das hinter dem steht, was die Bibel als Sünde bezeichnet: Es ist das Bild eines Bogenschützen, der sein Ziel verfehlt. Zur Sünde zählen also all die Handlungen, die in ihrer Ausführung oder ihren Ergebnissen die Ziele verfehlen, die Gott mit den Menschen hat.

Damit steht dieser Text allerdings ganz offensichtlich im Widerspruch zu dem, was Johannes in 1. Johannes 2,1 geschrieben hat: *„Und wenn jemand sündigt, so haben wir einen Fürsprecher bei dem Vater, Jesus Christus, der gerecht ist."* Ich vermute, dass manchen von Ihnen dieser Widerspruch bisher nicht wirklich bewusst war. Johannes beschreibt hier die Möglichkeit, dass wir - auch als Christen - durchaus in der Lage sind, zu sündigen. Aber dann schreibt er auch wieder, dass es ein absolutes No-Go für einen Christen ist, die Ziele Gottes zu verfehlen - also zu sündigen. Auf Neudeutsch würde man sagen: „Das ist ein wenig tricky!" Es ist nicht ganz so einfach, wenn man es oberflächlich betrachtet. In den tieferen Schichten scheint mir das Wörtchen „wissen" jedoch eine wichtige Rolle zu spielen. Wir finden es in unserem Text in Kap. 2,29; 3,2 und 3,5. Schon Hiob, dieser - man könnte fast sagen - Unglücksrabe, konnte trotz allem Unglück sagen (Hiob 19,25): *„Ich weiß, dass mein Erlöser lebt..."*

Oder in Johannes 3,2 ist zu lesen: *„Wir wissen, du bist ein Lehrer von Gott gekommen..."*. In Römer 8,28 schreibt Paulus an die Christen in Rom: *„Wir wissen aber, dass denen, die Gott lieben, alle Dinge zum Besten dienen"*. In 2. Timotheus 1,12 kann Paulus seinem Mitarbeiter Timotheus mitteilen: *„Ich weiß, an wen ich glaube, und bin gewiss, er kann mir bewahren, was mir anvertraut ist, bis an jenen Tag"*.

Kind Gottes und Sünde, wie Feuer und Wasser?

Das alles sind sehr selbstbewusste Aussagen über Umstände oder Dinge, die entweder schon vorhanden sind, oder noch eintreffen werden. Und alles verbindet sich mit diesem Wörtchen „wissen". Ganz in dem Sinne, dass es um ein Wissen geht, das keinen Zweifel darüber lässt, was ist oder kommen wird.

Dazu ein Beispiel: Es war im Januar 1983. Damals war ich frisch verliebt und wollte mich mit meiner damaligen Freundin und heutigen Frau treffen. Es hatte den ganzen Tag geschneit, sodass ich auf der Rückfahrt von der Kaserne nach Hause mit Schnee auf den Straßen konfrontiert war. Ich musste also langsam fahren. Ich fuhr langsam in eine leichte Senke hinein, die in einer langgezogenen Rechtskurve wieder nach oben anstieg. Mitten in der Rechtskurve sah ich, dass in ca. 50 Metern die Autos auf der Bundesstraße stehen. Haben Sie das Bild? In diesem Moment fing diese Art von Wissen für mich an. Ich wusste, dass die Autos stehen. Ich wusste, dass ich anhalten musste, wenn es nicht zu einem Unfall kommen sollte. Ich wusste, dass ich nicht schnell unterwegs bin und dass es leicht bergauf ging. Als ich jedoch in meinem Renault 4 auf die Bremse stieg, wusste ich sofort, dass es unter mir spiegelglatt war. Und ein paar Sekunden später wusste ich dann, dass es mir nicht am Vordermann vorbeireichen würde. Das ist solch ein Wissen, das keinen Zweifel darüber lässt, was kommen wird. In diesem Fall ein Wissen, das keinen Zweifel darüber lässt, dass ich dem Opel Rekord vor mir einen etwas intensiveren Besuch abstatten werde. Und so kam es dann auch. Zum Glück war es nur sein Rücklicht, was mich damals 30 DM gekostet hat. Bei mir war der Kotflügel kaputt, denn ich hatte versucht, an ihm vorbei zu kommen. Jetzt nehmen Sie dieses Wissen, das ich damals hatte, und multiplizieren Sie es mit der Ewigkeit, dann kommen Sie in etwa auf das Niveau dieses geistlichen Wissens.

Ein Wissen, auf dessen Ursprung Paulus in Römer 8,16 hinweist: *„Der Geist selbst gibt Zeugnis unserm Geist, dass wir Gottes Kinder sind".* Sie können also hundertprozentig, und vom Heiligen Geist Gottes selbst bezeugt, wissen, dass Sie dazugehören. Sie sind ein Kind Gottes und gehören damit untrennbar zu ihm. Eine ganz wichtige Feststellung, wenn es um das Thema „Sünde" geht, beziehungsweise um diesen scheinbaren Widerspruch, von dem Johannes hier schreibt. Als nächsten Schritt in Richtung Klärung möchte ich mit Ihnen einen Gegensatz klären. In unserem Abschnitt aus dem Johannes-Brief finden wir ihn in

Kap. 2,29 und 3,4: Es handelt sich dabei um den Gegensatz von „recht tun" und „Unrecht tun".

Menschen, die „recht tun" - richtig handeln -, sind solche Menschen, die das tun, was Gott als gut und richtig erachtet. Oder wenn wir bei dem Bild vom Bogenschützen bleiben möchten: „recht tun" - richtig handeln - bedeutet, sich im Rahmen dessen zu bewegen, was Gott als Lebensziele für die Menschen vorgegeben hat. Das heißt, diese Menschen leben in ganz enger Gemeinschaft mit Gott. Sie leben das, was sie glauben und möchten Gott von sich aus gehorsam sein. Ich sage bewusst „möchten ... gehorsam sein", denn auch das können Sie wissen, dass Sie diesen Gehorsam nicht aus sich selbst erreichen können (siehe Johannes 15,5: *„denn ohne mich könnt ihr nichts tun!"*)

Menschen, die „Unrecht tun", handeln so, wie sie es selbst für richtig halten, ohne dabei auf den Willen Gottes in irgendeiner Weise Rücksicht zu nehmen. Sie handeln völlig autonom. Sie handeln nach ihren eigenen Gesetzen und drücken damit gegenüber Gott eine gesetzlose Haltung aus. Darum stellt Johannes in Kap. 3,4 dieses „Unrecht" auch mit Sünde gleich. Denn jedes Handeln gegen den Willen Gottes ist in letzter Konsequenz eine Sünde. Denken Sie an das Bild des Bogenschützen: das Ziel Gottes wird verfehlt. Damit macht Johannes aber auch deutlich, dass es bei Gott kein „Niemandsland" gibt. Es gibt keinen Freistaat zwischen zwei Grenzen. „Recht tun" und „Unrecht tun" sind so gegensätzlich wie Feuer und Wasser. Die können einfach nicht miteinander.

Johannes sagt damit - und auf den ersten Blick klingt das wirklich sehr hart -: Entweder du bist Kind Gottes, oder du bist ein Diener des Teufels! Entweder - oder. Das ist nicht meine Idee, das ist die Aussage der Bibel. Das heißt, es gibt keine Grauzone zwischen dem Leben mit Gott und dem Leben ohne Gott. Dennoch gehört es auch bei Christen zu ihrer Lebenswirklichkeit, dass sie scheinbar nicht leben können, ohne die Ziele Gottes zu verfehlen. Sprich: sie sündigen auch!

Aber sagte nicht Gott selbst Folgendes über die Menschen - 1. Mose 8,21: *„Das Dichten und Trachten des menschlichen Herzens ist Böse von Jugend auf..."*? Und sagte nicht der Apostel Paulus über sich selbst in 1. Timotheus 1,15: *„Das ist gewisslich wahr und ein Wort, des Glaubens wert, dass Christus Jesus in die Welt gekommen ist, die Sünder* *selig zu machen, unter denen ich der erste bin"*. Nicht zuletzt lesen wir im ersten Johannes-Brief (1. Johannes 1,8): *"Wenn wir sagen, wir haben keine Sünde, so betrügen wir uns selbst, und die Wahrheit ist nicht in uns."*

Das bedeutet nicht, dass Sie als Christ den Status eines Sünders hätten, überhaupt nicht. Wir sind keine Sünder sondern wir sind Kinder Gottes. Wir sind erlöste, befreite und geheilte Leute Gottes, die ganz und gar zu ihm gehören. Sollten Sie sich also den Titel „Sünder" geben, nach dem Motto: „Ach ich bin einfach ein Sünder!", dann liegen Sie damit völlig falsch. Sie sündigen nicht deshalb, weil Sie ein Sünder sind, sondern wenn Sie als Kind Gottes falsche Entscheidungen treffen. Mir fällt dabei immer wieder das Bild ein, als das Volk Israel noch auf der Wüstenwanderung war, und sie, wie so oft, wieder anfingen, gegen Gott zu schimpfen[6]. Plötzlich waren ganz viele Schlangen im Lager der Israeliten. Vielleicht sollte ich erwähnen, dass diese Schlangen nicht von Gott geschickt wurden. Diese Schlangen waren auch schon vorher da. In der Wüste gibt es jede Menge Schlangen, gefährliche Schlangen. Und diese Schlangen konnten so lange nicht in das Lager der Israeliten vordringen, wie der göttliche Schutz dieses Lager umgab. Aber ihr schimpfendes Verhalten bewirkte, dass der Schutz Gottes sie verließ und die Schlangen nun in das Lager konnten, um jeden zu beißen, der ihnen vor die Zähne kam. Auf was will ich hinaus? Das Volk schrie zu Mose und der sollte im Auftrag Gottes eine eherne Schlange aufrichten.

Und jeder, der diese eherne Schlange ansah - es ging dabei nicht um Anbetung -, wurde geheilt bzw. nicht mehr gebissen. Es ging um Gehorsam. Jeder Einzelne hatte den Auftrag, diese eherne Schlange anzuschauen, genauso wie wir heute den Auftrag haben, auf Jesus zu schauen (Hebräer 12,1-2):

> *"Lasst uns laufen mit Geduld in dem Kampf, der uns bestimmt ist, 2 und aufsehen zu Jesus, dem Anfänger und Vollender des Glaubens."*

Damals wurde jeder geheilt, der auf die eherne Schlange schaute. Und heute können wir als Christen ein Leben mit Jesus führen, wenn

---

[6] Nachzulesen in 4. Mose 21.

wir unsere Augen auf Jesus gerichtet halten. Falsche Entscheidungen treffen Sie immer dann, wenn Sie den Blickkontakt mit Jesus verlieren. Dann geschieht Sünde. Denn wer den Blickkontakt mit dem Zielgeber und damit den Blick auf das Ziel verliert, der wird das Ziel nicht erreichen können. Das Ergebnis ist eine Zielverfehlung (Sünde). Wenn Sie also so wollen, ist das der Grund, warum auch wir Christen noch sündigen können: Weil wir hin und wieder den Blickkontakt mit Jesus verlieren, der der „Anfänger und Vollender des Glaubens" ist. Mit Jesus fängt also alles an, und mit Jesus zusammen kommt auch alles zu seiner Vollendung. Die Ziele Gottes werden erreicht. Keine Zielverfehlung bedeutet ein Leben ohne Sünde.

Nachdem Sie nun wissen, wohin Sie gehören und was es mit der Sünde auf sich hat, die in Ihrem Leben immer wieder einmal vorkommt, möchte ich - auf diesem Hintergrund - diesen scheinbaren Widerspruch in unserem Text auflösen. Das geht allerdings nur, wenn Sie ein wenig in die griechische Sprache des Urtextes des Neuen Testaments eintauchen. In der griechischen Sprache sind die Zeitformen der Verben eine ganz wichtige Sache, weil sie uns helfen können, einen Text besser zu verstehen.

Wenn Sie nun eine Bibelübersetzung vor Augen haben, sollten Sie sich immer bewusst machen, dass dies gleichzeitig auch eine Auslegung des Textes ist, wie ihn der Übersetzer verstanden hat. Bei jeder Übersetzung der Bibel spielt die Ansicht oder das Bibelverständnis des Übersetzers auf jeden Fall eine Rolle. Wie er den Text verstanden hat, so bekommen Sie ihn zu lesen. Auf der anderen Seite kann man nicht alles übersetzen, was die griechische Sprache zu bieten hat, sonst würde manches vielleicht sogar noch unverständlicher werden. Deshalb sprechen wir über Bibeltexte und legen sie aus: Damit auch das zur Sprache kommt, was in einem Bibeltext nicht gleich auf der Hand liegt.

Auf unseren Text angewendet, schauen wir deshalb genau auf die Worte „sündigt" und „tut keine Sünde" (1. Johannes 3,6+9): *„Wer in ihm bleibt, der sündigt nicht"*, und: *„Wer aus Gott geboren ist, der tut keine Sünde"*. Wenn man nun die Zeitformen der Verben berücksichtigt, dann müsste man es folgendermaßen übersetzen: *„Wer in ihm bleibt, der sündigt nicht ständig"*, und: *„Wer aus Gott geboren ist, der lebt nicht fortwährend in Sünde"*.

Richtig verstanden geht es hier also gar nicht um diese Möglichkeit, Jesus aus den Augen zu verlieren und damit an der einen oder anderen Stelle die Ziele Gottes zu verfehlen. Praktisch als Ausrutscher, der so nicht beabsichtigt war, der aber geschieht, wenn man sich aufs Glatteis begibt. Sondern es geht um eine Art Lebensstil. Es geht darum, dass ein Mensch, der weiß, dass er ein Kind Gottes ist, nicht so leben kann, als wäre ihm egal, was Gott auf dem Herzen hat. Das ist aus geistlicher Sicht einfach absurd.

Wenn ich an mein Leben mit meiner Frau Angelika denke. Ich könnte mir nicht vorstellen, sie einfach zu ignorieren. Nach über 30 Jahren gemeinsamen Lebens in einer Ehe ist es für mich undenkbar, dass ich einfach über die Wünsche und Bedürfnisse meiner Frau hinweggehe und mache, was mir Spaß macht, oder zu was ich Lust habe. Ganz im Gegenteil, ich bleibe mit meiner Angelika in Blickkontakt und versuche, ihre Bedürfnisse wahr zu nehmen. In vielen Bereichen weiß ich jedoch, was sie mag und was nicht.

Das ist ein Bild dafür, was es heißt, mit Jesus in Blickkontakt zu bleiben: Wahrnehmen, was Jesus möchte. Vieles davon ist in seinem Wort, der Bibel, zu lesen. Und manches von dem, was Angelika gut findet, ist in meinem Leben schon zu einem Lebensstil geworden. Wir sind eine Einheit, wie Gott sich das vorgestellt hat. In dem Sinne meinte er es, als er sagte, dass Menschen, die eine Ehebeziehung eingehen, „ein Fleisch" werden. Sie gehören untrennbar zusammen und werden auch in ihrem gegenseitigen Verhalten zu einer Einheit. Und dennoch passiert es manchmal, dass ich Dinge tue oder sage, die ihr nicht gefallen. Das ist nicht mein Lebensstil, aber es sind Pannen, die vorkommen.

Und das ist im Verhältnis von Gott und seinen Kinder nicht anders. Wenn Sie Gott wirklich von Herzen lieben, werden Sie bestrebt sein, so zu leben, dass Sie in Harmonie mit Gott leben können. Und Gott ist bestrebt Ihnen zu helfen, dass Sie die Möglichkeit haben, seine Ziele mit Ihrem Leben auch zu erreichen. Und weil das so normal ist, wird es an dieser Stelle in unserem Bibeltext auch nicht befohlen, sondern einfach nur festgestellt: Wer mit Gott zusammen lebt, der sündigt nicht aus Gewohnheit. Und sollte sich dennoch einmal eine Sünde einschleichen, dann haben Sie, laut Johannes, *„einen Fürsprecher bei dem Vater, Jesus Christus, der gerecht ist"* (1. Johannes 2,1).

Kind Gottes und Sünde, wie Feuer und Wasser?

Wenn Menschen sich also für ein Leben mit Christus entschieden haben, hat die Sünde keine Macht mehr über sie. Sie sündigen nicht mehr aus Gewohnheit. Dennoch kann es vorkommen, dass Christen falsche Entscheidungen treffen, was dazu führen kann, dass sie sündigen, indem sie lügen, betrügen, neidisch oder eifersüchtig sind, usw. Aus diesem Grund finden sich in unserem Textabschnitt auch folgende Worte aus 1. Johannes 3,3: *„Und ein jeder, der solche Hoffnung auf ihn hat, der reinigt sich, wie auch jener rein ist".*

Auf den ersten Blick ist das einleuchtend: Wer gesündigt hat, der reinigt sich auch. Doch wenn Sie auf 1. Johannes 1,7 schauen, sieht alles wieder anders aus. Dort schreibt Johannes, dass Sie von Jesus ständig gereinigt werden, als würden Sie unter einem Wasserfall stehen. Und das bedeutet, dass wir uns als Christen nicht mehr selbst reinigen müssen, weil wir ständig gereinigt werden. Auch dann, wenn wir sündigen, aber dies natürlich nicht aus Gewohnheit!

Schauen wir uns das Wörtchen „reinigen" an dieser Stelle an, steht im griechischen Urtext dafür ein Wort, das eigentlich „weihen" oder „hingeben" bedeutet. Und das macht Sinn, auch im gesamtbiblischen Zusammenhang. Denken Sie nur an die Worte, die Paulus an die Christen in Rom geschrieben hat - Römer 12,1:

> *Ich ermahne euch nun, liebe Brüder, durch die Barmherzigkeit Gottes, dass ihr eure Leiber hingebt als ein Opfer, das lebendig, heilig und Gott wohlgefällig ist. Das sei euer vernünftiger Gottesdienst.*

Wie oft konnte man in der damaligen Zeit in Israel ein Opfer hingeben, bzw. auf den Altar legen, damit es geopfert werden konnte? Ein einziges Mal. Deshalb verwendet hier Paulus für dieses „weihen" oder „hingeben" auch eine Zeitform, die einen einmaligen Akt zum Ausdruck bringt: Wer sich für ein Leben mit Jesus Christus entscheidet, gibt sich diesem Herrn und Gott ganz hin, ein einziges Mal. Und das für alle Zeiten, bis in Ewigkeit. So etwas nennt man auch Ganzhingabe! Damit kennen Sie nun den ersten Schritt, den Sie gegangen sind, wenn Sie sich für Jesus entschieden haben: Sie haben sich Ihrem Herrn ganz und gar hingegeben. Aus diesem Grund spricht Johannes hier auch mit solch einer Selbstverständlichkeit von einem Lebensstil ohne Sünde aus Gewohnheit!

Kind Gottes und Sünde, wie Feuer und Wasser?

Wer sich Jesus hingibt, tut dies voll und ganz, ohne Kompromisse. Oder mit den Worten aus 1. Johannes 3,3: *"Und ein jeder, der solche Hoffnung auf ihn hat, der gibt sich hin, wie auch jener - Jesus - hingegeben ist"*. Interessant ist noch, dass dieses „weihen" oder „hingeben" im Urtext in der Gegenwartsform steht.

Das bedeutet, dass es hier um eine Handlung geht, die sich ständig wiederholt. Nun haben wir aber eben bei Paulus (Römer 12,1) gelesen, dass diese Hingabe einmalig ist. Ich kann es Ihnen gleich verraten: Das bleibt sie auch! Die Hingabe meines Lebens bleibt so einmalig wie das Opfer Jesu am Kreuz auch einmalig war!

Doch hier kommt uns Jesus in den Worten seines Apostels - Johannes - entgegen, weil er uns in unserem Menschsein sieht und weiß, was wir brauchen. Wenn Christen ein Ziel Gottes verfehlen - also sündigen -, steht der Teufel sofort auf der Matte, um ihnen klar zu machen, was für miese und unfähige Nachfolger sie doch sind.

Ich weiß nicht, ob Sie diese Stimmen in Ihrem Kopf kennen, wenn Sie gesündigt haben. Ich kenne diese Stimmen gut. Und ich wehre sie ab mit den Worten des Paulus aus Römer 8,1, der gesagt hat: *"So gibt es nun keine Verdammnis für die, die in Christus Jesus sind"*. Nichts und niemand darf mich verdammen, auch wenn ich gesündigt habe.

Vergebung ist die Lösung Gottes für Sünde. Und dauerhaft anhaltende Reinigung. Alles andere sind dämonische Lügen, die Sie auf keinen Fall glauben dürfen. Nach so einer Attacke auf meine Gedanken rufe ich mir deshalb immer wieder in Erinnerung, wer ich in Christus bin: „Ich bin gerecht gemacht vor Gott, in Christus. Ich bin gereinigt und geheiligt, in Jesus!"

Das ist diese sich ständig wiederholende Handlung: Wenn ich einmal gesündigt habe, mache ich mir bewusst, wer ich in Jesus Christus bin und was er für mich getan hat. Damit gebe ich mich ihm wieder neu hin, was für mein Herz sehr wichtig ist.

Diese Hingabe macht es mir leichter, wieder als Kind Gottes weiter zu leben. Und es macht auch meinen Glauben immer stärker. Es geht hier also nicht darum, sich noch einmal total hinzugeben, denn dies ist ein einmaliger Akt, der abgeschlossen ist. Aber es geht darum, sich seiner Hingabe aufs Neue gewiss zu werden.

Kind Gottes und Sünde, wie Feuer und Wasser?

Mir hat das alles sehr geholfen, einen Lebensstil zu entwickeln, bei dem Sünde eine sehr kleine Rolle spielt, weil sie nicht zu den Gewohnheiten meines Leben gehört, sondern manchmal eben vorkommt. Das heißt, ich lebe nicht mehr auf die Sünde fixiert, sondern auf mein Leben mit Jesus, dem Anfänger und Vollender meines Glaubens!

Und wenn Sie versuchen, auch so zu leben, werden auch Sie erleben, dass bei Ihnen Sünde eine immer kleinere Rolle spielen wird. Und Jesus und ein Leben mit ihm eine immer größere. Denn die beiden Sachverhalte passen einfach nicht zusammen: Kind Gottes sein und sündigen aus Gewohnheit.

Das war ja unser Thema: Kind Gottes und Sünde, wie Feuer und Wasser? Im Grunde war es eine rhetorische Frage[7]. Ein Kind Gottes kann keinen Lebensstil praktizieren, in dem Sünde einen dauerhaften Platz hat. Das kann nicht zusammen gehen. Und warum? Weil Sünde zu den Werken des Teufels gehört. Es war keine Idee Gottes, um uns zu erziehen, zu strafen, oder welche Ideen es sonst noch dafür geben mag, wie Gott anscheinend mit seinen Kinder umgeht. Nein, die Sünde ist ein Werk des Teufels, um uns zu zerstören!

Aber nun wissen Sie, wie Sie damit umgehen können und was Sie tun können, um das zu leben, was Sie bereits sind: Eine Königin/ein König, im Reich des Königs aller Könige (Offenbarung 1,5-6). Und falls Ihnen doch einmal Zweifel kommen sollten, ob Sie mit all dem klarkommen werden, was Ihnen das Leben an Stolperfallen zu bieten hat, dann nehmen Sie sich die Bibel zur Hand und lesen Sie den ersten Johannes-Brief (1. Johannes 3,8):

> *„Dazu ist erschienen der Sohn Gottes, dass er die Werke des Teufels zerstöre."*

---

[7] Eine Frage, bei der die Antwort von vornherein klar ist.

Liebe in Tat und Wahrheit

(1. Johannes 3,11-18)

Die Menschen unter uns, die gerne die Ärmel hochkrempeln und anpacken, lassen sich von solch einem Thema gerne ansprechen: Da kann man etwas tun! Die Menschen mit einem sensiblen Gewissen, werden dagegen von solch einem Thema leicht unter Druck gesetzt. Ich denke, es ist von beidem etwas. Aber schauen wir uns doch einmal den Bibeltext an und lassen uns von den Gedanken des Apostels Johannes inspirieren. Vielleicht kann er Sie ja mit ganz neuen Aspekten überraschen. Lassen Sie sich mit hineinnehmen, in Liebe in Tat und Wahrheit. Ich zitiere dazu 1. Johannes 3,11-18:

„Denn das ist die Botschaft, die ihr gehört habt von Anfang an, dass wir uns untereinander lieben sollen, 12 nicht wie Kain, der von dem Bösen stammte und seinen Bruder umbrachte. Und warum brachte er ihn um? Weil seine Werke böse waren und die seines Bruders gerecht. 13 Wundert euch nicht, meine Brüder, wenn euch die Welt hasst. 14 Wir wissen, dass wir aus dem Tod in das Leben gekommen sind; denn wir lieben die Brüder. Wer nicht liebt, der bleibt im Tod. 15 Wer seinen Bruder hasst, der ist ein Totschläger, und ihr wisst, dass kein Totschläger das ewige Leben bleibend in sich hat. 16 Daran haben wir die Liebe erkannt, dass er sein Leben für uns gelassen hat; und wir sollen auch das Leben für die Brüder lassen. 17 Wenn aber jemand dieser Welt Güter hat und sieht seinen Bruder darben und schließt sein Herz vor ihm zu, wie bleibt dann die Liebe Gottes in ihm? 18 Meine Kinder, lasst uns nicht lieben mit Worten noch mit der Zunge, sondern mit der Tat und mit der Wahrheit."

Häppchenweise bekommen wir von Johannes - ganz nebenbei - die wichtigen Themen des Glaubens serviert. Im ersten Kapitel dieses Briefes schreibt er schon einmal von der Botschaft, die die Christen in der Provinz Kleinasien am Anfang gehört haben, also praktisch zu Beginn ihres Glaubens (1. Johannes 1,5):

"Und das ist die Botschaft, die wir von ihm gehört haben und euch verkündigen: Gott ist Licht, und in ihm ist keine Finsternis."

Und jetzt kommt ein weiteres Puzzleteil dazu, wenn er hier in Vers 11 schreibt:

"Denn das ist die Botschaft, die ihr gehört habt von Anfang an, dass wir uns untereinander lieben sollen."

Wenn Sie sich also vornehmen möchten, grundlegende Themen des Glaubens zu erforschen, dann haben Sie hier schon zwei. Zunächst das Wesen Gottes, bei Johannes mit dem Aspekt, dass Gott Licht ist, die keine Finsternis in sich hat: gleißend hell, absolut rein, nicht mit dem Hauch eines kleinen Schattens. Und als Zweites die Liebe der Menschen zueinander, die wir uns heute etwas genauer anschauen werden.

Johannes gibt uns in diesem Abschnitt seines Briefes drei Tipps mit auf den Weg, wie diese Liebe zueinander aussehen kann: 1. Tipp: Nicht wie bei Kain und Abel - 2. Tipp: Nicht wie die Welt liebt - 3. Tipp: Mit Blick auf den anderen.

1. Tipp: Nicht wie bei Kain und Abel!

Normalerweise sagt man ja, dass Tipps stets positiv formuliert sein sollen. Denn ein Tipp soll die Menschen ja motivieren, die ihn hören. Johannes gebraucht das Stilmittel der negativen Formulierung, überraschend anders, wenn wir in 1. Johannes 3,12 zu lesen bekommen:

"Nicht wie Kain, der von dem Bösen stammte und seinen Bruder umbrachte. Und warum brachte er ihn um? Weil seine Werke böse waren und die seines Bruders gerecht."

Also: „Liebe in Tat und Wahrheit" - JA! - Aber doch nicht so! Kain hat nicht Liebe, sondern Hass gelebt. Und er brachte seinen Bruder Abel um, weil seine Werke böse waren. Auslöser dieses Totschlages war das Opfer des Kain, das von Gott nicht angenommen wurde, das von Abel aber schon! Manche sagen, dass dies daran lag, dass Abel ein Lamm geopfert hat, wie es später auch im Gesetz vorgeschrieben war, und Kain eben nur von den Feldfrüchten. Für mich passt das aber überhaupt nicht in mein positives Bild von Gott. Denn glauben Sie wirklich, dass Gott Ihnen eine Berufung gibt, die sich eines Tages als Stolperstein herausstellen würde?

Kain hatte von Gott die Berufung eines Ackerbauers, der Feldfrüchte anpflanzt, um das Überleben der Familie zu sichern. Wenn einer aber Feldfrüchte anpflanzt, kann er keine Tiere ernten. Das liegt in der Natur der Sache. Also kann für mich die Ablehnung seines Opfers auch nicht daran gelegen haben, dass Kain Feldfrüchte geopfert hat. Ich zitiere die Stelle aus dem ersten Buch Mose, die uns helfen wird, dem Problem etwas auf die Spur zu kommen (1. Mose 4,3-4): *„Es begab sich aber nach etlicher Zeit, dass Kain dem HERRN Opfer brachte von den Früchten des Feldes. 4 Und auch Abel brachte von den Erstlingen seiner Herde und von ihrem Fett".*

Abel brachte also die ersten Lämmer aus der Herde und ihr Fett, was damals etwas sehr Wertvolles war. Diese Handlung brachte besonderes Vertrauen Gott gegenüber zum Ausdruck. Es ist sehr leicht, wenn einmal eine Herde eine bestimmte Größe erreicht hat, das eine oder andere Tier zum Opfer zu bringen. Wenn Sie aber gleich die Erstgeburten nehmen, obwohl Sie noch gar nicht wissen, ob und was danach noch kommen wird, drückt dies großes Vertrauen gegenüber Gott aus und bringt den menschlichen Willen zum Ausdruck, diesen großen Gott wirklich von Herzen zu ehren.

Von Kain heißt es aber nur, dass er von den Früchten des Feldes brachte. Das heißt, dass er einfach einen Mix aus den vorhandenen Feldfrüchten genommen hat. Ein paar Äpfel, Birnen, Pflaumen, etwas Weizen und Gerste, ein paar Kartoffeln, ein paar Zucchini und noch eine rote Beete. Das alles auf den Altar, und schon ist das Opfer für Gott fertig. Ob er dabei nur Abel etwas nachmachen wollte, entzieht sich meiner Kenntnis.

So wurde das Opfer von Abel verständlicherweise von Gott angenommen und das Opfer von Kain eben nicht. Denn Kain brachte kein Opfer, dass sein Vertrauen Gott gegenüber zum Ausdruck brachte, und das auch nicht ehrenvoll für Gott war. Von Liebe in Tat und Wahrheit kann man hier, weiß Gott, nicht reden. Das Interessante ist, dass Gott den Kain auf diese Sache ansprach und ihm damit einen Spiegel vor die Nase hielt. Lesen Sie einmal den Abschnitt aus dem ersten Buch Mose:

Liebe in Tat und Wahrheit

Eine ganz spannende Geschichte, gerade in Bezug auf menschliches Verhalten. Gott zeigte dem Kain, dass er innerlich frei sein könnte, wenn er gottgefällig leben würde. Und er wies ihn auch darauf hin, dass die Sünde gerade vor seiner Tür lauert und ihn überwältigen möchte. Aber das alles hat nichts genützt. Kain dachte sich immer mehr in seinen Hass hinein, was schließlich zur Ermordung seines Bruders führte.

Das ist wie bei dem Mann, der sich eines Tages von seinem Nachbarn eine Bohrmaschine ausleihen wollte, um bei sich eine Vorhangstange befestigen zu können. Als er gerade das Haus verlassen wollte, überlegte er sich: „Ob der Nachbar mir die Bohrmaschine wohl gerne geben wird? Oder wird er vielleicht die Augen rollen? Vielleicht öffnet er mir auch gar nicht die Türe, weil er ahnt, dass ich mir nur etwas ausleihen möchte. Wenn ich es so bedenke: So wie der gestern geschaut hat, mag er mich bestimmt nicht besonders. Und seine Frau erst! Ich glaube, er wird mir die Bohrmaschine nicht geben wollen, weil er mich überhaupt nicht leiden kann!" In seinem Selbstgespräch vertieft, eskaliert der innere Dialog schließlich so sehr, dass er zu dem Nachbarn geht und an der Türe klingelt. Als dieser ihm öffnete, brüllte er ihn an: „Behalten Sie doch Ihre blöde Bohrmaschine. Ich kann mir auch eine eigene kaufen, wenn Sie mir keine ausleihen möchten. Ich bin gar nicht auf Sie angewiesen!" Sie können sich vorstellen, wie der Nachbar geguckt hat. Der wusste vermutlich gar nicht, wie ihm geschieht.

Ich könnte mir vorstellen, dass es bei Kain einen ähnlichen inneren Dialog gegeben hat, der zwar von Gott unterbrochen wurde, aber hinterher dennoch weiter ging. Und es eskalierte so sehr in ihm, dass er seinen Bruder schließlich ermordete.

Auf dem Hintergrund dieses Ereignisses verstehe ich den Tipp des Johannes so: Verhindern Sie solche inneren Dialoge, die meist nicht der Wahrheit entsprechen. Lassen Sie sich nicht auf irgendwelche Gedankenspiele ein, die mit dem realen Leben nichts zu tun haben. Das wird die Liebe zum anderen Menschen letzten Endes töten. Hören Sie stattdessen auf die Stimme Gottes, die Ihnen helfen möchte, von anderen Menschen gute Gedanken zu denken. Die Liebe ist schließlich Gottes Idee gewesen: Warum sollte er uns dann nicht dabei helfen können und wollen, sie auch zu leben?!

2. Tipp: Nicht wie die Welt liebt!

Ich zitiere dazu die Verse 13-15 aus 1. Johannes 3:

> *„Wundert euch nicht, meine Brüder, wenn euch die Welt hasst. 14 Wir wissen, dass wir aus dem Tod in das Leben gekommen sind; denn wir lieben die Brüder. Wer nicht liebt, der bleibt im Tod. 15 Wer seinen Bruder hasst, der ist ein Totschläger, und ihr wisst, dass kein Totschläger das ewige Leben bleibend in sich hat."*

An dieser Stelle erweist sich Johannes als ein Meister der Worte. Und das ist natürlich auch kein Wunder, denn er hat diese Worte ja unter der Leitung des Heiligen Geistes geschrieben. Er sagt: *„Wundert euch nicht [...], wenn euch die Welt hasst"*. Das ist also völlig normal. Für Johannes gehört das einfach zum Christsein dazu. Wobei für dieses „hassen" im Urtext ein Wort steht, das in Kapitel 2 dieses Briefes schon einmal im Zusammenhang mit der Bruderliebe aufgetaucht ist. Es heißt „miseo" und drückt weniger das Hassen an sich aus, sondern viel mehr den Gegensatz zur Liebe Gottes. Es muss also eher im Sinne von „lieblos" oder „nicht mögen" verstanden werden.

„Wundert euch nicht, wenn euch die Welt lieblos behandelt oder nicht mag!" Das ist normal. Aber nun kommt die gedankliche Wende, die Johannes mit diesem Wissen einleitet, das ohne Zweifel ist. Auch dies ist in diesem Brief schon des Öfteren aufgetaucht. Was nicht verwundert, denn der Brief ist ja gegen Irrlehrer geschrieben. Und die prahlten mit ihrer Erkenntnis und ihrem Wissen, das jedoch sehr zweifelhaft war, und alles andere als gesichert. *„Wir aber wissen, dass wir aus dem Tod zu neuem Leben gekommen sind."* Ganz in dem Sinne, wie es Paulus in 2. Korinther 5,17 zum Ausdruck bringt:

> *„Darum: Ist jemand in Christus, so ist er eine neue Kreatur; das Alte ist vergangen, siehe, Neues ist geworden."*

Wir werden als geistlich tote Menschen in diese Welt geboren. Das ist eine Folge der Taten, für die Adam und Eva die Verantwortung tragen. Aber wenn wir an Jesus glauben, dann hat dieses „tot sein" ein Ende. Unser Geist wird durch den Heiligen Geist berührt und wir kommen zu neuem Leben, zum Leben in Heiligem Geist, mit Jesus!

Jetzt können Sie sagen: „Ja, weiß ich schon!" Aber genau da schnappt die Falle von Johannes zu. Denn er sagt: „Ein Zeichen dafür, dass Sie ein neues Leben bekommen haben ist, dass Sie Ihre Schwestern und Brüder in der Familie der Christen wirklich lieb haben. Wenn nicht, ist das ein Zeichen dafür, dass Sie noch tot sind!" Schnapp! Die Falle ist zugeschnappt. Für Johannes ist klar, dass die Welt uns nicht wirklich liebt, das mag normal sein, denn wir sind zwar in der Welt, aber nicht von der Welt (Johannes 17). Aber dass wir uns gegenseitig nicht lieben, das geht gar nicht.

Und damit knüpft er nahtlos an die Ausführungen Jesu in der Bergpredigt an. Dort sagt Jesus (Matthäus 5,22): *„Wer mit seinem Bruder zürnt, der ist des Gerichts schuldig; wer aber zu seinem Bruder sagt: Du Nichtsnutz!, der ist des Hohen Rats schuldig; wer aber sagt: Du Narr!, der ist des höllischen Feuers schuldig".* Viele sehen in diesen Worten nur den Charakter eines Gerichtsurteils. Aber haben Sie es schon einmal unter dem Aspekt der Liebe angeschaut, was Jesus in der Bergpredigt gesagt hat?

Es geht gar nicht darum, dem anderen den Finger auf die Nase zu drücken und ihm dabei klar zu machen, dass er in der Hölle landet, wenn er seinen leiblichen oder geistlichen Bruder einen Narren nennt. Sondern es geht darum zu zeigen, wie früh die Lieblosigkeit beginnt. Und wo es anfängt, wie bei Kain, dass es im Endeffekt zu einem Tötungsdelikt kommen kann. „Lasst es nicht so weit kommen!", höre ich hier Jesus und Johannes rufen, „damit ihr letzten Endes nicht auch noch euer ewiges Heil aufs Spiel setzt!"

Ich denke, es ist sehr hilfreich, wenn Sie die Bibel viel weniger unter dem Aspekt von Gesetzen und Regeln sehen, die eingehalten werden müssen. Das bringt Sie in Ihrem Glauben und im Verständnis der Heiligen Schrift letzten Endes nicht weiter. Es ist viel besser zu erkennen, dass es in der Bibel letzten Endes um Liebe geht, und darum, dass jeder Mensch Verantwortung hat, für sein eigenes Leben und auch für sein geistliches Leben.

Schauen Sie, hier heißt es: *„Wer seinen Bruder lieblos behandelt, der ist ein Menschenmörder, und der wird das ewige Leben verpassen!"* Sicher können Sie dies als Gerichtworte empfinden, aber so sind sie nicht gedacht. Sondern es ist eine Beschreibung dessen, was nicht gut ist, und der Konsequenzen, die daraus folgen, wenn Sie diesen Tipp ignorieren. Sie haben die Wahl: Sie können sich für den weltlichen oder für den geistlichen Weg des Lebens entscheiden!

3. Tipp: Mit Blick auf den anderen

Dazu zitiere ich die beiden Verse (16-17) aus 1. Johannes 3:

„Daran haben wir die Liebe erkannt, dass er sein Leben für uns gelassen hat; und wir sollen auch das Leben für die Brüder lassen. 17 Wenn aber jemand dieser Welt Güter hat und sieht seinen Bruder darben und schließt sein Herz vor ihm zu, wie bleibt dann die Liebe Gottes in ihm?"

„Daran haben wir die Liebe erkannt". Das war für die Christen damals in der Provinz Kleinasien völlig klar: Jesus hat sein Leben für mich gelassen, das ist Liebe pur! Lassen Sie mich an dieser Stelle offen sein. Das war eine Sache, die in meinem Leben für viele Jahre überhaupt keine wirkliche Rolle gespielt hat. Ich bin mit 10 Jahren zum Glauben an Jesus Christus gekommen. Und ich war damals schon ein Mensch, dem man nachsagte, dass er nicht gerade vor Emotionen strotzt. Eben ein typischer, von der linken Gehirnhälfte dominierter Mensch.

Das sind die, die alles logisch erklären wollen, die total organisiert und strukturiert sind, oft auch introvertiert. Das hat seine guten Seiten, kann aber für die Mitmenschen an der einen oder anderen Stelle durchaus zu einer Herausforderung werden. Ich gebe Ihnen nur ein kurzes Beispiel zum Thema „Ordnung halten" bzw. „Arbeitsplatzorganisation":

Wenn Sie in mein Büro kommen, werden Sie in 95% der Fälle einen Schreibtisch vorfinden, auf dem nichts Unnötiges herumliegt. In aller Regel befindet sich nur *ein* Vorgang auf der Arbeitsfläche, die Ablage ist immer aufgeräumt und alles Notwendige ist in Reichweite. Für alle, die das etwas anders handhaben, kann das herausfordernd sein. Aber manche benötigen ihre Papierstapel ja auch dazu, um ihre Ellbogen aufstützen zu können. Und das kann ja auch ganz praktisch sein.

Und dieser von Organisation und Logik geprägte Mensch war ich auch in meinem Leben als Christ. Ich fragte mich manchmal: Was ist eigentlich Liebe? Wie lebt man Liebe? Was sind die Zeichen für Liebe? usw. Aber alles blieb von Verstand und Logik geprägt. Und jetzt kommt hier Johannes und spricht von Liebe und von jemand, der sein Leben für mich gelassen hat. Das können Sie nicht emotionslos zur Kenntnis nehmen. Und dafür ist es von Gott auch gar nicht gedacht! Ich habe deshalb eines Tages zu Gott gesagt: „Herr, du hast mich doch so strukturiert, logisch und ordentlich gemacht. Das kann doch kein Fehler gewesen sein. Und doch hindert es mich daran, deine Liebe emotional zu begreifen!" Darauf meinte er nur, dass es kein Fehler gewesen sei. Und dass Er das schon noch hinbekommen wird, sodass auch ich diese Liebe begreifen und emotional erleben kann.

Die Christen damals hatten es im Herzen angenommen, dass Jesus sein Leben für sie gelassen hatte. Doch ich hatte es mit einem Häkchen auf der geistlichen to-do-Liste versehen. Aber so funktioniert das nicht! Denn dieser Vers 16 geht ja noch weiter: *„Daran haben wir die Liebe erkannt, dass er sein Leben für uns gelassen hat; und wir sollen auch das Leben für die Brüder lassen"*. Wo soll denn die Motivation dafür herkommen, für andere sein Leben einzusetzen, wenn der Tod Jesu einfach nur im Verstand abgehakt wurde? Das geht nicht! Deshalb möchte ich Sie sehr dazu ermutigen, sich mit dem Tod und der Auferstehung Jesu auch emotional auseinander zu setzen. Versetzen Sie sich in die Lage eines Menschen, der gerade einen lieben Menschen verloren hat. Diese Gefühlslage hat damals auch bei den Jüngern geherrscht.

Einmal ganz davon abgesehen, dass Johannes sogar mit eigenen Augen gesehen hat, wie Jesus diesen qualvollen Tod am Kreuz gestorben ist. Er war der Jünger Jesu, der unter dem Kreuz seiner Mutter Maria unter die Arme gegriffen und sie gestützt hat. Er war der Jünger, der hörte, wie Jesus nach Atem gerungen hat. Er war der Jünger, der Jesus ausrufen hörte: „Es ist vollbracht!" Versetzen Sie sich in diese Lage. Lassen Sie diese Szenerie immer wieder an Ihren inneren Augen vorbei ziehen. Das wird Sie nicht unberührt lassen.

Wissen Sie, das sind ja keine Psychospielchen, die ich hier mit Ihnen treibe. Sondern es geht um das, was Gott selbst gesagt hat (Jeremia 29,13-14): *„Wenn ihr mich von ganzem Herzen suchen werdet, so will ich mich von euch finden lassen, spricht der HERR, und will eure Gefangenschaft wenden"*. Von ganzem Herzen! Denken Sie, das wäre mit Logik und Verstand zu erreichen? Niemals! Da braucht es viel mehr. Es muss Sie bis ins Mark berühren, sonst funktioniert das nicht mit dem *"das Leben für den Bruder lassen"*.

Und dabei geht es aus dem Textzusammenhang nicht nur darum, für andere zu sterben. Sondern es geht darum, ein Auge auf den anderen zu haben (Vers 17): *"Wenn aber jemand dieser Welt Güter hat und sieht seinen Bruder darben und schließt sein Herz vor ihm zu, wie bleibt dann die Liebe Gottes in ihm?"* Hier haben wir es wieder: *"und schließt sein Herz vor ihm zu"*. Das mit dem Christsein ist eine Herzensangelegenheit. Und das gilt auch für die Christen, deren emotionale Steuerung oft von der linken Gehirnhälfte überlagert wird. Das erklärt vielleicht manches, aber es entschuldigt überhaupt nichts. Heute kann ich so offen darüber reden, weil mein Herz von der Liebe Gottes berührt wurde.

Ich sage Ihnen: Ich möchte nicht mehr zurück in diese rein logischen Zeiten, wo ich zwar irgendeine Empfindung oder Neigung für Menschen hatte. Ich diesen Zeiten war ich ja sogar Pastor, der für verschiedene Gemeinden zuständig war. Das können Sie nicht tun, wenn sie eine Abneigung gegenüber Menschen haben. Aber ich kann mich noch daran erinnern, wie ich damals immer wieder sagte: „Sie können mir auch eine Aufgabe geben, die im Keller bei Neonlicht zu erledigen ist. Das ist kein Problem für mich. Ich bin zwar für Menschen da, aber ich brauche sie nicht." Heute läuft mir der kalte Schauer herunter, wenn ich daran zurückdenke! Neonröhren sind so kalt, wie damals mein Herz war.

Doch Gott findet seine Wege, wie er zu einem Herzen vordringen kann. Bei mir hat Gott es durch viele schwierige Umstände geschafft, durch Menschen, die meine Geduld und meine Liebe bis aufs Äußerste herausgefordert haben, an denen ich aber nicht vorbei gekommen bin. Oder durch Situationen, die mich emotional herausgefordert haben, wie zum Beispiel den viel zu frühen Tod meines Vaters. Darauf folgte die Begleitung meiner Mutter und eine Verwandlung in meinem Inneren, die mich dazu führte, dass ich von einer puren Familienzugehörigkeit zu einer Liebe für meine Mutter finden konnte.

So hat sich die Liebe Gottes ganz langsam eine Bahn gemacht, von meinem Verstand, direkt in mein Herz. Das war eine langwierige Sache, die über Jahrzehnte ging. Aber wissen Sie was: Ich habe dabei auch die Geduld meines wunderbaren Gottes erlebt. Er scheint wirklich alle Zeit der Welt zu haben, um mit uns an seine Ziele zu kommen. Naja, er ist ja auch außerhalb von Raum und Zeit. An der einen oder anderen Stelle habe ich ihm das auch schon gesagt: „Herr, ich bräuchte diese oder jene Sache etwas schneller. Die Zeit zerrinnt mir unter den Händen!" Und er meinte nur dazu: „Hans-Werner, Zeit ist relativ!" „Ja, Herr, für dich vielleicht, der du jenseits der Welt der Tische und Bänke bist, und jenseits von Raum und Zeit!" „Hans-Werner, Zeit ist relativ! Und ich werde die Dinge immer zur rechten Zeit machen. Alles hat seine Zeit, und ich komme nie zu spät!"

Wenn Sie diesen Gott und seine Güte so hautnah erlebt haben, kann es Sie nicht mehr kalt lassen, wenn Sie Ihre Schwester oder Ihren Bruder in Jesus darben sehen. Dabei geht es ja nicht darum, dass sich derjenige gerade leider kein zweites Auto leisten kann, weil er sich gerade einen Fernseher für 5.000 Euro gekauft hat. Es geht um ein „darben", also um eine absolute Mangelsituation, bei der es an allem Nötigen fehlt.

Auf der anderen Seite muss ich sagen, dass dies gar nicht so einfach auszumachen ist. Denn nicht jeder, der wirklich Mangel hat, sieht rein äußerlich auch so aus. Deshalb heißt dieser Tipp des Johannes: Mit dem Blick auf den anderen. Sie müssen schon genau hinschauen, wenn Sie wirklich erkennen möchten, wie es den anderen Menschen in Ihrem Umfeld, auch in der christlichen Gemeinde so geht. Und weil viele leider gelernt haben, dass man sich in der Gemeinde keine Ausrutscher leisten darf, tragen sie auch Masken und verstecken sich gut hinter einem schönen Image.

Aber ich lerne mehr und mehr, dahinter zu sehen. Und der einfachste Weg, dies zu lernen ist der, sich mit Gott darüber zu unterhalten: „Herr, schenke du mir den Blick für den anderen Menschen. Lasse es nicht zu, dass er oder sie mir etwas vormachen kann, wenn er oder sie wirklich deine Hilfe braucht!" Und ich habe erlebt, dass Gott sich nicht lange bitten lässt.

Ein Beispiel dazu: Eines Tages kam Angelika von der Probe des Lobpreisteams nach Hause und erzählte mir, dass einer der Gitarristinnen ihre Gitarre auf den Boden gefallen, und sie kaputt gegangen ist. Zunächst einmal trauert man da natürlich mit. Ich selbst spiele leidenschaftlich gerne Gitarre und singe auch dazu. Deshalb hatte ich auch eine Gitarre, die ich mir zum 40ten Geburtstag schenken ließ: Eine Se-

Liebe in Tat und Wahrheit

agul, ein wirklich schönes Instrument! In der Zeit hatte ich aber gerade keine musikalische Aufgabe in der Gemeinde. Das ist der Rahmen der Geschichte.

Ich nahm also Anteil an dem Verlust dieser Frau. Und Gott hat wohl auch Anteil an dem Verlust dieser Frau gehabt, denn er wandte sich an mich und meinte, ich solle dieser Frau doch meine Gitarre schenken. „Meine Gitarre? Herr, die hat einmal 1.300 Euro gekostet!" Also sicher hatte ich mich da verhört. Das konnte nicht sein, dass Gott so etwas von mir wollte. Doch er ließ nicht locker.

Da besprach ich mich mit meiner Angelika darüber, die auch etwas erstaunt war, da wir selbst zu dieser Zeit in einer finanziellen Mangelsituation lebten. Aber Gott ließ in meinem Inneren nicht locker. Natürlich war diese Frau nicht am „darben", aber sie war eine Alleinerziehende, die finanziell nicht wirklich aus dem Vollen schöpfen konnte. Sie konnte sich nicht einfach eine neue Gitarre kaufen. Wäre aber vielleicht für das Lobpreisteam ausgefallen, ohne Gitarre. Ich weiß es nicht. Also stimmte ich Gott zu und schenkte ihr meine Gitarre.

Keine Angst, nicht jeder, der Gott um den Blick für andere bittet, muss gleich seine wertvollste Sache verschenken. Was ich aber damit sagen möchte ist: Wenn Sie Ihren Blick für andere öffnen möchten, wird Gott ihnen auch Gelegenheit geben, seinem Wort zu folgen. Das alles nicht mürrisch, logisch oder sonst wie, sondern deshalb, weil die Liebe Gottes in uns ist. Davon schreibt uns Johannes, durch den ganzen Brief hindurch.

Und weil diese Liebe Gottes in Jesus Mensch geworden ist, und uns ein atemberaubend schönes Leben in Erlösung, Befreiung und Heilung ermöglicht hat, deshalb schließt er diesen Abschnitt mit den Worten aus 1. Johannes 3,18:

> *„Meine Kinder, lasst uns nicht lieben mit Worten noch mit der Zunge, sondern mit der Tat und mit der Wahrheit."*

Mit Gott immer im Haben!

(1. Johannes 3,19-24)

In der Gemeinde, in der ich in den 90er Jahren im Schwerpunkt als Pastor gearbeitet habe, organisierten wir einmal einen Vortragsabend mit dem Thema: Das Auskommen mit dem Einkommen! Es ist ja schon eine spannende Sache, dass bei vielen Menschen, auch bei Christen, am Ende des Geldes immer noch so viel Monat übrig ist. Dabei sollte es ja eigentlich völlig umgekehrt sein. Wie wichtig die Thematik von „Soll und Haben" ist zeigt ein Vergleich von Bibelstellen im Neuen Testament der Bibel.

Sie finden im Neuen Testament ca. 215 Verse über das Thema „Glaube", Sie finden ca. 218 Verse zum Thema „Rettung" oder auch „Erlösung", aber Sie finden ca. 2018 Verse über Haushalterschaft oder Finanzen. Das zeigt schon einen gewissen Schwerpunkt des Themas an. Wenn wir also als Christen sagen, dass man nicht so viel über das Geld reden sollte, dann liegen wir damit nicht unbedingt auf der Linie des Neuen Testaments. Wobei ich auch dazu sagen muss, dass es bei Haushalterschaft nicht unbedingt immer nur um das liebe Geld geht, sondern auch um andere Dinge, zum Beispiel die Ressourcen, die mir für meinen Körper gegeben sind, oder den Umgang mit den Möglichkeiten oder Fähigkeiten, die mir von Gott gegeben sind. Denken Sie dabei zum Beispiel an das Gleichnis von den Talenten, das Jesus erzählt hat. Dabei geht es vordergründig um Geld, aber in der Tiefe um den Umgang mit unseren Begabungen. Das Thema ist also sehr präsent im Neuen Testament der Bibel!

Ich möchte mit meinen jetzigen Ausführungen allerdings gar nicht so sehr darauf eingehen, wie Haushalterschaft oder sogar geistliche Haushalterschaft aussehen kann. Damit würde ich dem Text aus dem Johannes-Brief Gewalt antun und ihn für ein Thema missbrauchen, das darin nur am Rand behandelt wird. Nein, ich möchte gerne auf eine Sache eingehen, auf die wir als Christen nur bedingt Einfluss haben, und das ist die Haben-Seite unseres Lebens mit Gott. Aber der Titel verrät ja schon, wie es ausgehen wird:

Mit Gott immer im Haben! Sie können sich also entspannen und ganz gelassen zuhören. Mit Gott sind wir immer auf der Haben-Seite geistlichen Lebens. Das möchte ich mit fünf Stichworten herausarbeiten, was wiederum die Fülle anzeigen soll, die Gott so gerne gibt. Wenn wir auf der Haben-Seite Gottes stehen, dann bedeutet „Haben": 1. Erkenntnis - 2. Zuversicht - 3. Glaube - 4. Liebe - 5. Gemeinschaft.

Dazu zitiere ich die Verse 19-24 aus 1. Johannes 3:

> *„Daran erkennen wir, dass wir aus der Wahrheit sind, und können unser Herz vor ihm damit zum Schweigen bringen, 20 dass, wenn uns unser Herz verdammt, Gott größer ist als unser Herz und erkennt alle Dinge. 21 Ihr Lieben, wenn uns unser Herz nicht verdammt, so haben wir Zuversicht zu Gott, 22 und was wir bitten, werden wir von ihm empfangen; denn wir halten seine Gebote und tun, was vor ihm wohlgefällig ist. 23 Und das ist sein Gebot, dass wir glauben an den Namen seines Sohnes Jesus Christus und lieben uns untereinander, wie er uns das Gebot gegeben hat. 24 Und wer seine Gebote hält, der bleibt in Gott und Gott in ihm. Und daran erkennen wir, dass er in uns bleibt: an dem Geist, den er uns gegeben hat."*

1. Haben bedeutet: Erkenntnis

Kap. 3,19: *„Daran erkennen wir, dass wir aus der Wahrheit sind."* Wenn wir im Deutschen an eine Erkenntnis denken, geht es meistens um Wissen. Da gibt es z.B. neue Erkenntnisse in der Physik, der Chemie, oder der Medizin, die dann einen Nobelpreis nach sich ziehen. Aus allen möglichen Bereichen das Lebens kann man Erkenntnisse ziehen, die dann hoffentlich auch zu positiven Veränderungen führen. Es nützt ja die beste Erkenntnis nichts, wenn sich dadurch nichts verändert.

Und auch hier in unserem Bibeltext geht es um eine Erkenntnis, die wir allerdings nicht nur auf pures Wissen reduzieren dürfen. Es geht um die Erkenntnis, *„dass wir aus der Wahrheit sind"*. Wörtlich müsste man hier übersetzen: *„Dass wir aus der Wahrheit abstammen"*, oder *„dass wir aus der Art der Wahrheit sind"*, dann nämlich, wenn wir Christen sind. Und wer ist die Wahrheit? Jesus selbst! Er hat von sich gesagt - (Johannes 14,6): *„Ich bin der Weg und die Wahrheit und das Leben;*

niemand kommt zum Vater denn durch mich". Jesus ist diese Wahrheit, aus der wir abstammen. Oder aus deren Art wir sind. Das bedeutet, dass wir als Christen zur Familie Gottes gehören!

Nehmen Sie das nicht einfach nur hin, indem Sie sagen: „Ja, weiß ich." Denn diese Erkenntnis hat Konsequenzen für Ihr komplettes Glaubensleben. Ich denke dabei z.B. an Menschen, die am Ende ihrer Tage noch einmal Probleme mit ihrer Heilsgewissheit bekommen. Es gibt nicht wenige Christen, die spätestens auf dem Sterbebett von der Frage gequält werden, ob sie es denn schaffen werden, ob ihre Art zu leben ausgereicht hat, um in den Himmel zu kommen, ob sie sich vielleicht einen groben Schnitzer geleistet haben, der sie im letzten Moment doch noch in die Hölle befördern könnte. An dieser Stelle - und nicht nur da - ist es wichtig, dass es bei Ihnen in Fleisch und Blut übergegangen ist: Als Christ gehöre ich zur Familie Gottes!

Gehen wir einmal von einer intakten Familie aus. Denken Sie wirklich, dass es in einer intakten Familie vorkommen kann, dass ein Familienmitglied bewusst in einen Abgrund gestürzt wird? Denken Sie wirklich, dass es vorkommen kann, dass ein Mensch vor der Haustüre stehen gelassen wird. Nach dem Motto: „Was stehst du hier im Regen herum? Komm, geh doch nach Hause!"? Das kann ich mir beim besten Willen nicht vorstellen! Und genauso gilt es für die Familie Gottes. Da wird keiner im Regen stehen gelassen. Bei Gott sind wir als seine Kinder immer im Haben! Das dürfen Sie niemals vergessen und das wird Ihnen in diesem Bibeltext auch noch auf verschiedene Weise vor Augen geführt werden. Es handelt sich also um eine besondere Erkenntnis.

Das wird auch an dem griechischen Wort deutlich, dass hier für das Erkennen steht. Es ist das Wort „ginosko", das im griechischen Sprachgebrauch des Neuen Testaments immer dann angewandt wurde, wenn es nicht nur um eine Erkenntnis des Verstandes ging, sondern wenn es auch um eine Erkenntnis des Herzens ging! „ginosko" heißt also, dass es vom Verstand ins Herz rutscht, eine ganz persönliche und intime Angelegenheit, die auch unsere Emotionen nicht unberührt lässt, sofern Sie es zulassen, dass diese Botschaft Ihr Herz berühren kann. Sie gehören also zur Familie Gottes und stammen von der Wahrheit ab. Was für eine Erkenntnis!

2. Bei Gott im Haben bedeutet: Zuversicht

Kap. 3,19-21: *„Daran erkennen wir, dass wir aus der Wahrheit sind, und können unser Herz vor ihm damit zum Schweigen bringen, 20 dass, wenn uns unser Herz verdammt, Gott größer ist als unser Herz und erkennt alle Dinge. 21 Ihr Lieben, wenn uns unser Herz nicht verdammt, so haben wir Zuversicht zu Gott."*

Wenn ich diese Sätze lese, fällt mir unweigerlich ein, was der Apostel Paulus in seinem Schreiben an die Christen in Rom dazu zu sagen hatte (Römer 8,1): *„So gibt es nun keine Verdammnis für die, die in Christus Jesus sind"*. Dass wir in Christus, der Wahrheit, sind, das haben wir eben geklärt! Das heißt, wenn Sie für sich ganz tief in Ihrem Herzen erkannt haben, dass Sie zur Familie Gottes gehören, gibt es auch keine Verdammnis mehr für Sie, weder in diesem Leben noch in Bezug auf das ewige Leben. Es gibt absolut keine Zweifel daran, dass Sie als Mitglied der Familie Gottes, einmal bei Gott sein werden! Kein Zweifel!

Das ist Zuversicht, die Ihr Leben auf der Haben-Seite Gottes prägen darf. Dies gilt auch dann, wenn Sie diese leise, fiese Stimme hören, die Ihnen einflüstern möchte: „Was? Du? Was denkst du eigentlich? So wie du gerade diesen Menschen behandelt hast, kannst du unmöglich vor Gott erscheinen! Das war Sünde! Du lernst es echt nie! Das wird nichts mit deinem Christsein! Du bist einfach ein Versager!" Das ist diese verdammende Stimme des Teufels. Haben Sie diese schon einmal zu hören bekommen? Ich denke, ganz bestimmt. Also in meinem Kopf hat sich diese Stimme schon öfter versucht breit zu machen.

Aber in solch einem Moment, so sagt uns Johannes, können wir unser Herz vor Gott zum Schweigen bringen. Das Bild dabei ist ein wunderschönes: Stellen Sie sich vor, Sie haben gerade etwas Unrechtes getan. Sie haben gelogen, oder waren neidisch, oder haben etwas Schlechtes über jemanden gesagt, oder, oder. Und dieser Vers sagt ja auch, dass Gott alle Dinge erkennt, oder anders gesagt: Dass Gott alle Dinge weiß, schließlich ist er allwissend. Das bedeutet, dass Sie mit dem, was Sie gerade Unrechtes getan haben, vor Ihrem Gott im Himmel stehen. Und jetzt stellen sich viele vor, dass sie damit vor ihrem Richter stehen. Aber das würde das schöne Bild zerstören. Auch wenn bei irdischen Vätern manches anders laufen würde, bei Ihrem himmlischen

Vater sind Sie prächtig aufgehoben, wenn es darum geht, Unrechtes getan zu haben. Er weiß doch alles! Das bedeutet, dass er auch weiß, dass Sie nicht vollkommen sind, und dass er weiß, wie es den Menschen geht, nachdem es, seit dem Vorfall im Garten Eden, auf dieser Erde keine Vollkommenheit mehr geben kann. Warum gab es denn das vollendete Werk Jesu am Kreuz auf Golgatha? Weil Gott weiß, dass uns Menschen gar nicht anders zu helfen war und ist.

Und es war ein vollendetes Werk, über das es in Hebräer 8,12 heißt: *„Ich will gnädig sein ihrer Ungerechtigkeit, und ihrer Sünden will ich nicht mehr gedenken".* Wissen Sie, was das bedeutet? Das wird noch an anderen Stellen der Bibel bestätigt: Es bedeutet, dass Gott sich an Ihre Sünden nicht mehr erinnern will! Wenn Sie also mit Ihrem Unrecht vor Gott stehen - um in unserem Bild zu bleiben -, dann hat Gott Ihre Sünde bereits vergessen, weil alle Sünden der ganzen Welt in die tiefsten Tiefen des Meeres versenkt wurden, direkt am Kreuz auf Golgatha! Mit dieser Zuversicht und diesem Wissen, kommt Ihr Herz vor Gott zur Ruhe. Keine Verdammnis. Keine Anklage. Ihre Sünde ist vergeben. Der Teufel kann sagen, was er will, es wird sich immer als Lüge herausstellen. Sie sind gerecht vor Gott. Und wenn Sie diesem wunderbaren Gott Ihre Sünde bekennen, dann ist alles wieder wie vorher. Was für eine Zuversicht!

3. Bei Gott im Haben bedeutet: Glaube

Kap. 3,22: *„...und was wir bitten, werden wir von ihm empfangen; denn wir halten seine Gebote und tun, was vor ihm wohlgefällig ist."* Diese Worte gehören für mich zu den atemberaubendsten Worten, die ich in der Bibel lesen kann. Ich kann Ihnen gerne noch ein paar Kostproben davon geben:

Matthäus 7,7-8: *„Bittet, so wird euch gegeben; suchet, so werdet ihr finden; klopfet an, so wird euch aufgetan. 8 Denn wer da bittet, der empfängt; und wer da sucht, der findet; und wer da anklopft, dem wird aufgetan."*

Matthäus 18,19: *„Wahrlich, ich sage euch auch: Wenn zwei unter euch eins werden auf Erden, worum sie bitten wollen, so soll es ihnen widerfahren von meinem Vater im Himmel."*

Mit Gott immer im Haben!

Markus 11,23-24: *"Wahrlich, ich sage euch: Wer zu diesem Berge spräche: Heb dich und wirf dich ins Meer!, und zweifelte nicht in seinem Herzen, sondern glaubte, dass geschehen werde, was er sagt, so wird's ihm geschehen. 24 Darum sage ich euch: Alles, was ihr bittet in eurem Gebet, glaubt nur, dass ihr's empfangt, so wird's euch zuteil werden."*

Johannes 15,7: *"Wenn ihr in mir bleibt und meine Worte in euch bleiben, werdet ihr bitten, was ihr wollt, und es wird euch widerfahren."*

Ich weiß jetzt nicht, wie es Ihnen mit solchen Bibelworten geht. Aber nach meiner Erfahrung geht bei solchen Bibelstellen im Verstand der Scanner an und scannt die Gebets-Erfahrungen aus der Vergangenheit und Gegenwart. Meist wird das Ergebnis so aussehen, dass Sie etwas erbeten, es aber nicht bekommen haben.

Und was passiert dann? Wir schalten in den Erklärungsmodus. Es wird dann versucht zu erklären, warum es in dem einen Fall keine Gebetserhörung gab, und welche Gründe hinter dem anderen Fall standen, in dem Sie gebetet haben, vielleicht sogar wie ein Weltmeister, aber es kam nicht zu dem erwünschten Ergebnis. Meinen Sie, dass es legitim ist, in den Erklärungsmodus zu schalten? Wir haben vorhin gehört, dass es Gott ist, der alles weiß. Wissen Sie alles? Natürlich nicht! Es gibt nur einen Gott! Welche Erklärungsversuche sollten dann stichhaltig sein, wenn es darum geht, warum ein Gebet nicht in Erfüllung ging? Wenn er in meinen Augen wirklich Gott ist, und ich es nicht bin, dann gibt es keine!

Wenn wir unseren Bibeltext aus dem ersten Johannes-Brief anschauen, wird hier auch keine Bedingung genannt. Es heißt nicht, „was wir bitten, werden wir von ihm empfangen, weil wir seine Gebote halten..." Nein, es heißt: *„...was wir bitten, werden wir von ihm empfangen; denn wir halten seine Gebote und tun, was vor ihm wohlgefällig ist."* Das ist eine Feststellung, keine Begründung. Also steht es einfach zunächst einmal im Raum: Das Kind Gottes bittet und es erhält.

Glauben Sie mir, ich weiß, welche Spannungen dabei entstehen können. Diese Stellen in der Bibel lassen viel mehr Fragezeichen zurück, als dass sie Antworten geben. Aber dürfen wir sie deshalb einfach auflösen? Mit unseren Erklärungsversuchen? Ich werde es auf jeden Fall nicht tun. Ich für mich möchte mich lieber in die lange Reihe derer stellen, zu der auch Abraham und Sara gehörten. In Hebräer 11 werden diese Helden des Glaubens aufgeführt, die vieles von dem, was sie geglaubt haben, nie zu Gesicht bekamen. Aber sie haben deshalb ihren Glauben niemals aufgegeben.

Ich denke, solche Worte, wie die eben gelesenen, sind dazu da, uns zu motivieren sie sehr ernst zu nehmen. Gott ist kein Lügner. Er hält, was er verspricht, auch wenn dabei eine Menge Fragen für uns Menschen übrig bleiben. Doch diese Worte sind auch dazu da, unseren Glauben herauszufordern. Glaube ich, was ich lese, auch wenn ich es momentan so nicht erlebe? Kann ich loslassen und diesem guten Vater im Himmel vertrauen, auch wenn es momentan in meinem Leben gegenläufig zu den Worten der Bibel laufen sollte? Diese Worte gehören für mich auf jeden Fall auf die Haben-Seite Gottes für uns Menschen!

Und das sage ich nicht einfach so dahin, weil ich die Augen vor der Realität verschließen möchte. Glauben Sie mir, ich habe auf die harte Tour erleben dürfen, was es heißt, alles loszulassen und diesem wunderbaren Gott zu vertrauen. Wenn ich nur an die Zeit denke, zwischen den Jahren 2013 und 2016. Da hat es uns existenziell total aus der Kurve getragen. Und das, obwohl wir die Wege Gottes gegangen sind und voll und ganz auf ihn vertraut haben. Und immer, wenn ich in der Zeit zu Gott gerufen, manchmal auch innerlich geschrien habe, hörte ich die liebevollen Worte von ihm: „Lasse los und vertraue mir, mein Sohn!" Und das haben Angelika und ich dann auch gemacht. So sind diese Worte für mich Worte des Gottes, der absolut vertrauenswürdig ist, und der zu seinem Wort steht.

Es sind Worte, die meinen Glauben herausfordern, die aber auch zum Glauben führen. Dann, wenn sie durch Gottes Gnade in Erfüllung gehen. Wenn Sie darauf vertrauen können, werden Sie sich auf der Haben-Seite christlichen Lebens befinden!

4. Bei Gott im Haben bedeutet: Liebe

Kap. 3,22-23: *„...denn wir halten seine Gebote und tun, was vor ihm wohlgefällig ist. 23 Und das ist sein Gebot, dass wir glauben an den Namen seines Sohnes Jesus Christus und lieben uns untereinander, wie er uns das Gebot gegeben hat."*

Mit Gott immer im Haben!

Normalerweise würde man an solch einer Stelle erwarten, dass Johannes sagt: „... denn wir möchten seine Gebote halten und nehmen uns vor zu tun, was vor ihm wohlgefällig ist." Was macht Johannes so sicher in seiner Aussage? Es ist dieses Wissen und diese Erkenntnis, dass wir als Christen von der Wahrheit - Jesus - abstammen!

Dies ganz auf der Linie der Apostel, wie wir z.B. bei Paulus nachlesen können, in Galater 2,20: *„Ich lebe, doch nun nicht ich, sondern Christus lebt in mir. Denn was ich jetzt lebe im Fleisch, das lebe ich im Glauben an den Sohn Gottes, der mich geliebt hat und sich selbst für mich dahingegeben".*

Johannes weiß: Ich selbst kann und muss es nicht tun. Es wird für mich getan. Jesus Christus lebt in seinem Heiligen Geist in mir. Deshalb kann ich behaupten, dass ich die Gebote Gottes einhalten und tun kann, was vor Gott angenehm und gerecht ist. Was für eine Erkenntnis. Eine Erkenntnis, die voll und ganz im Rahmen der Lehre der Apostel ist, wie z.B. Paulus in seinem Brief an die Christen in Korinth schreibt (1. Korinther 1,30): *„Durch ihn aber seid ihr in Christus Jesus, der uns von Gott gemacht ist zur Weisheit und zur Gerechtigkeit und zur Heiligung und zur Erlösung".*

Und Jesus selbst hat von sich gesagt (Matthäus 5,17): *„Ihr sollt nicht meinen, dass ich gekommen bin, das Gesetz oder die Propheten aufzulösen; ich bin nicht gekommen aufzulösen, sondern zu erfüllen".* Jesus hat uns erlöst vom Gesetz, aber er hat damit das Gesetz Gottes nicht aufgelöst. Nur so, dass es heute nicht mehr die Sache seiner Kinder ist, die Gebote einzuhalten, sondern eine Sache des Heiligen Geistes, durch die Kinder Gottes.

Das ist ziemlich entspannend und lässt mich sehr gelassen auf der Seite der Kinder Gottes leben. In der Familie Gottes geht es zwar um die Gebote Gottes, aber nicht mehr wie in den Zeiten des alten Bundes, wo es vom Menschen abhing, die Gebote Gottes einzuhalten. Daran sind die Menschen ja sang- und klanglos gescheitert.

Nein, wir leben in den Zeiten des neuen Bundes, wo Jesus das Gesetz voll und ganz erfüllt hat. Und sein Heiliger Geist sorgt nun dafür, dass die Kinder Gottes dieses Gesetz und die Gebote erfüllen können, indem er sie selbst in und durch seine Kinder erfüllt.

Zwei dieser Gebote nennt Johannes hier. Diese beiden Gebote lassen noch einmal die höchsten Gebote des alten Bundes anklingen, von denen Jesus in Matthäus 22,37-40 spricht:

> *"»Du sollst den Herrn, deinen Gott, lieben von ganzem Herzen, von ganzer Seele und von ganzem Gemüt« (5. Mose 6,5). 38 Dies ist das höchste und größte Gebot. 39 Das andere aber ist dem gleich: »Du sollst deinen Nächsten lieben wie dich selbst« (3. Mose 19,18). 40 In diesen beiden Geboten hängt das ganze Gesetz und die Propheten."*

Es geht also um das Vertrauen und die Liebe zu Gott, und die Liebe zu den Menschen, zu denen auch die anderen Familienmitglieder der Familie Gottes gehören! Und warum klappt das mit dieser Liebe zu Gott und den Menschen? Johannes sagt es uns in 1. Johannes 4,19: *"Lasst uns lieben, denn er hat uns zuerst geliebt!"* Wir sind auch hier auf der Haben-Seite Gottes: Wir können lieben, weil er uns zuerst geliebt hat, und weil er diese Liebe durch seinen Heiligen Geist in uns und durch uns möglich machen wird. Das ist wirklich befreiend und schön!

5. Bei Gott im Haben bedeutet: Gemeinschaft

Kap. 3,24: *"Und wer seine Gebote hält, der bleibt in Gott und Gott in ihm. Und daran erkennen wir, dass er in uns bleibt: an dem Geist, den er uns gegeben hat."*

Wenn Sie diesen Satz jetzt lesen und dabei die Dinge im Hinterkopf haben, die wir bis jetzt besprochen haben, müsste das alles sehr vertraut für Sie klingen. Ich wiederhole noch einmal die Sätze von Paulus, die Sie in Galater 2,20 nachlesen können: *"Ich lebe, doch nun nicht ich, sondern Christus lebt in mir. Denn was ich jetzt lebe im Fleisch, das lebe ich im Glauben an den Sohn Gottes, der mich geliebt hat und sich selbst für mich dahingegeben".*

Damit erleben wir heute die Einlösung eines Versprechens, das Jesus selbst gegeben hat, bevor er in den Himmel aufstieg (Johannes 16,7): *"Aber ich sage euch die Wahrheit: Es ist gut für euch, dass ich weggehe. Denn wenn ich nicht weggehe, kommt der Tröster nicht zu euch. Wenn ich aber gehe, will ich ihn zu euch senden".* Und 10 Tage nach Jesu Himmelfahrt geschah es auch schon. An Pfingsten kam der Heilige Geist auf die Kinder Gottes. Seither haben all die Menschen mit ihm Gemeinschaft, die sich für ein Leben mit Jesus entscheiden. In unserem Text sind dazu zwei Kennzeichen genannt:

Zunächst erkennen Sie diese Gemeinschaft mit Jesus daran, dass Sie seine Gebote halten. Das haben wir ausführlich behandelt. Es ist eine sog. Win-Win-Situation, bei der es wirklich nur Gewinner gibt. Wir haben Gottes Gebote, die nicht aufgelöst sind, und demnach noch heute gültig, die aber in Jesus Christus erfüllt sind. Und deshalb erfüllt sie heute der Heilige Geist durch uns, wenn wir bereit sind, Jesus nachzufolgen!

Das zweite Kennzeichen für die Gemeinschaft mit Jesus, die Johannes hier auflistet, ist der „Geist, den er uns gegeben hat". Woran erkennen Sie den Heiligen „Geist, den er uns gegeben hat"? Römer 8,16: *„Der Geist selbst gibt Zeugnis unserm Geist, dass wir Gottes Kinder sind."* Was heißt das? Die Lösung findet sich in dem Wort „Zeugnis". Man könnte es auch mit „Bestätigung" übersetzen. Der Heilige Geist bestätigt Ihnen persönlich, dass Sie ein Kind Gottes sind. Und das ist nicht nur ein Gefühl, nicht nur ein: „Ich denke schon, dass es so ist." Nein, es ist Kommunikation vom Heiligen Geist zu unserem Geist, ganz in dem Sinne, wie Jesus es in Johannes 10,27 gesagt hat: *„Meine Schafe hören meine Stimme!"* Ich hoffe, ich trete Ihnen nicht zu nahe, wenn ich Sie als Schaf bezeichne, sofern Sie Christ sind. Es ist das Bild des guten Hirten - Jesus - dem seine Schafe - seine Kinder - auf Schritt und Tritt nachfolgen. Und diese seine Kinder können seine Stimme hören, wenn sie bereit sind, ihre Ohren aufzumachen.

Dabei geht es weniger um die äußeren Ohren. Ich habe mir sagen lassen, dass es einer der eher seltenen Fälle ist, dass Jesus akustisch wahrgenommen werden kann. Die hörbare Stimme Gottes gibt es in der Regel nicht. Es ist eher die leise Stimme des Heiligen Geistes, die in Ihrem Inneren wahrgenommen werden kann. Das hört sich in etwa so an wie die spontanen Gedanken, die Sie den ganzen Tag in Ihrem Kopf wahrnehmen können. Achten Sie einmal auf diese spontanen Gedanken, die Ihnen durch den Kopf gehen. Nach meiner Erfahrung sind bei diesen Gedanken manche dabei, die analytisch oder logisch argumentativ sind. Bei solchen Gedanken können Sie davon ausgehen, dass es Ihre eigenen sind. Dann gibt es negative, destruktive, unreine, depressive oder ängstliche Gedanken. Auch solche, die Sie niedermachen oder anklagen wollen. Diese Gedanken sollten Sie ignorieren oder einfach wegschicken, denn diese sind meist dämonisch inspiriert.

Und dann gibt es dies positiven, kreativen, liebevollen, ermunternden Gedanken. Auch Gedanken, die Sie vor Gefahren oder Fehlern warnen möchten, aber in einem positiven Unterton. Bei diesen Gedanken können Sie fast zu einhundert Prozent davon ausgehen, dass dies die Stimme des Heiligen Geistes in Ihrem Inneren ist.

Nehmen Sie sich einmal Zeit, an einem ruhigen Ort. Richten Sie Ihre inneren Augen auf Jesus, und achten Sie auf diese inneren, spontanen, guten Gedanken. Vielleicht können Sie diese sogar aufschreiben. Dabei können Sie - im positiven Sinne - ein wahres Wunder erleben. Auf diese Weise können Sie die Gemeinschaft mit Jesus praktizieren, von der hier im Text die Rede ist. Eine gute Gemeinschaft, die jedem der Kinder Gottes möglich ist, weil Jesus selbst sehr viel daran gelegen ist, diese Gemeinschaft mit seinen Kindern zu pflegen.

Mit Gott immer im Haben! So lautete das Thema. Ich mache Ihnen Mut, sich auf diese Erkenntnis, die Zuversicht, den Glauben, die Liebe und diese Gemeinschaft einzulassen. Sie werden es sicher nicht bereuen, denn Gott hat versprochen, dass er sich von all denen finden lassen wird, die ihn von ganzem Herzen suchen (Jeremia 29,13-14).

Prüft die Geister!

(1. Johannes 4,1-6)

Ich glaube, die meisten von uns werden schon einmal mit dem TÜV zu tun gehabt haben. Entweder mit dem eigenen Auto oder in einem anderen Zusammenhang. Immer wieder hört man auch bei Spielzeugen, dass sie eine Art TÜV-Plakette haben sollten, oder bei Werkzeugen gibt es ein TÜV-Siegel. Dann gibt es noch Institutionen wie z.B. Stiftung Warentest, die alle möglichen Dinge testen und prüfen, um dann in einem Prüfbericht zu veröffentlichen, was die Menschen in Deutschland kaufen können oder von was sie auf jeden Fall die Finger lassen sollten. Das sind wirklich gute Einrichtungen, die uns als Menschen helfen, nicht jedem Trick oder Betrugsversuch auf den Leim zu gehen. Dennoch entbindet Sie das als Konsument nicht davon, Lebensmittel, Kleidung, Werkzeuge, Spielzeuge, usw. auch selbst zu prüfen. Niemand kann stellvertretend für uns, alle Dinge untersuchen.

Das ist in geistlichen Dingen nicht anders. Es gibt unzählige Theologen, die sich mit den Texten der Bibel und mit praktischen Themen auseinandersetzen und uns als Christen allerhand Tipps und Tricks mit an die Hand geben, um das persönliche und geistliche Leben im Alltag meistern zu können. Und wer in eine Gemeinde geht, hat auch noch die Ältesten und den oder die Pastoren, die einen gewissen geistlichen Schutz darstellen, für die ihnen anvertrauten Menschen. Doch wer lange genug in Leben und Christsein unterwegs ist, der weiß, dass dies bei Weitem nicht ausreicht.

Kein Ältester, Pastor, Theologe, oder wer auch immer kann für jeden anderen Menschen ganz individuelle Hilfe anbieten, oder sogar geistlicher Schutz sein. Das ist unmöglich. Und wir sind ja auch nicht als unmündige Menschen von Gott in die Welt gesetzt sondern als Menschen, die auf dieser Erde gestalten und verwalten sollen. Und darum dieses Thema heute, natürlich auch angelehnt an den Bibeltext, den wir jetzt zusammen betrachten werden. Es ist ein Bibeltext aus 1. Johannes 4,1-6, in dem wir gleich mit einem Befehl konfrontiert werden: Prüft die Geister!

Prüft die Geister!

„Ihr Lieben, glaubt nicht einem jeden Geist, sondern prüft die Geister, ob sie von Gott sind; denn es sind viele falsche Propheten ausgegangen in die Welt. 2 Daran sollt ihr den Geist Gottes erkennen: Ein jeder Geist, der bekennt, dass Jesus Christus in das Fleisch gekommen ist, der ist von Gott; 3 und ein jeder Geist, der Jesus nicht bekennt, der ist nicht von Gott. Und das ist der Geist des Antichrists, von dem ihr gehört habt, dass er kommen werde, und er ist jetzt schon in der Welt. 4 Kinder, ihr seid von Gott und habt jene überwunden; denn der in euch ist, ist größer als der, der in der Welt ist. 5 Sie sind von der Welt; darum reden sie, wie die Welt redet, und die Welt hört sie. 6 Wir sind von Gott, und wer Gott erkennt, der hört uns; wer nicht von Gott ist, der hört uns nicht. Daran erkennen wir den Geist der Wahrheit und den Geist des Irrtums."

„Prüft die Geister!", das ist tatsächlich ein Befehl, denn er ist im griechischen Urtext auch so geschrieben: als Imperativ, als Befehl. Aber auch hier geht der Apostel Johannes nicht einfach davon aus, dass wir es einfach so können. Ich denke, er baut dabei auf das aus, was schon Paulus in Epheser 4,11-14 geschrieben hat:

„Und er hat einige als Apostel eingesetzt, einige als Propheten, einige als Evangelisten, einige als Hirten und Lehrer, 12 damit die Heiligen zugerüstet werden zum Werk des Dienstes. Dadurch soll der Leib Christi erbaut werden, 13 bis wir alle hingelangen zur Einheit des Glaubens und der Erkenntnis des Sohnes Gottes, zum vollendeten Mann, zum vollen Maß der Fülle Christi, 14 damit wir nicht mehr unmündig seien und uns von jedem Wind einer Lehre bewegen und umhertreiben lassen durch trügerisches Spiel der Menschen, mit dem sie uns arglistig verführen."

Das ist eine Bibelstelle über den sog. „Fünffältigen Dienst", die einen klaren Hinweis auf die Arbeit und Aufgabe einer Gemeinde gibt. Das Ziel der Gemeindearbeit ist nicht in erster Linie, dass sich alle Wohlfühlen und jedes Bedürfnis befriedigt wird. Es ist schön, wenn es so ist; haben wir ja alle gerne. Wenn wir aber diese Bibelstelle anschauen, dann wird deutlich, was unsere erste Aufgabe ist, wenn wir an die Gemeinde als solches denken. Es geht darum, dass die *„Heiligen zugerüstet werden zum Werk des Dienstes [...] damit wir nicht mehr unmündig seien und uns von jedem Wind einer Lehre bewegen und umhertreiben lassen durch trügerisches Spiel der Menschen, mit dem sie uns arglistig verführen"*.

Wenn wir es schaffen, dass Gemeinde ein guter Ort sein kann, an dem Christen für ihr geistliches Leben und ihren geistlichen Kampf zugerüstet werden, dann haben wir die besten Voraussetzungen für das, was der Apostel Johannes hier erwartet: Dass wir die Geister richtig beurteilen können. Denn es kann nur der richtig beurteilen, der auch Kriterien dazu hat und geschult ist. Das ist beim Thema Falschgeld genau das Gleiche: Menschen, die Falschgeld erkennen sollen, werden nicht darin geschult, wie die Blüten in den verschiedensten Variationen auftreten können, sondern sie werden darin geschult, wie richtiges Geld aussieht. Wer genau weiß, wie richtige Geldscheine und Münzen aussehen und welche besonderen Merkmale sie tragen, wird jedes Falschgeld erkennen. Sie müssen wissen, wie die Wahrheit aussieht, dann werden Sie die falschen Geister erkennen, diejenigen, die Sie mit Irrlehren vom richtigen Weg abbringen möchten.

Auf diesem Hintergrund richtiger Lehre - also praktisch als gut geschulte Leute -, gibt uns nun Apostel Johannes in unserem Bibeltext drei Hinweise, wie es möglich ist, die Geister zu prüfen, bzw. welchen Weg Sie als Christen gehen können, um diesem Befehl: *„prüft die Geister"* gerecht werden zu können:

1. Hinweis: Glaubt nicht jedem

Kap. 4,1: *„Ihr Lieben, glaubt nicht einem jeden Geist, sondern prüft die Geister, ob sie von Gott sind; denn es sind viele falsche Propheten ausgegangen in die Welt"*. Glaubt nicht jedem! Glauben wird hier im Sinne von „Vertrauen gewähren" verwendet. Das ist also ziemlich stark. Nicht nur so ein „Ich glaube, dass morgen schönes Wetter wird." Nein, sondern so, wie wenn Sie einem Freund Vertrauen schenken, weil Sie sich auf das Wort dieses Menschen verlassen können. Demnach sollten Sie also nicht jedem Wort Vertrauen schenken, das an Ihre Ohren dringt.

Das wurde mir wieder neu bewusst, als es im Oktober 2015 in Deutschland darum ging, dass der Verzehr von verarbeitetem Fleisch und Wurst Krebs erregen soll. Das ging zunächst einen Tag lang durch alle Medien. Die Weltgesundheitsorganisation - WHO - hatte festgestellt, dass verarbeitetes Fleisch und ebensolche Wurst Krebs erregen sollen. Das macht natürlich etwas mit den Menschen, die das hören. Und genauso ging es mir damals auch. Aber am Abend habe ich zu Angelika gesagt: „Jetzt haben wir hier etwas gehört und wir glauben es sofort. Aber ist das auch bestätigt? Stimmt das wirklich, was die WHO hier festgestellt hat?" Und prompt kamen in den nächsten Tagen die Richtigstellungen bzw. es ging nach dem Motto: „Die WHO hat zwar gesagt, aber wir sagen Ihnen nun, wie sich die Sache wirklich verhält". Wie von mir am Vorabend festgestellt, lief es in der Argumentation auf das hinaus, dass ausgewogene Ernährung am gesündesten ist. Alles in Maßen essen und nicht in Massen, dann leben wir gesund. Denn es gibt heutzutage fast nichts mehr, das nicht in irgendeiner Weise das Potential in sich trägt, Krebs zu erregen. Aber das nur nebenbei.

Worauf es mir ankommt ist dieses Vertrauen, das man allzu schnell in Informationen steckt. Und plötzlich sind Sie selbst total verunsichert, nur weil Sie einer Information vertraut haben, die von einer eigentlich vertraulichen Quelle stammte. In diesem Fall war es die WHO. Und diese Quelle ist normalerweise wirklich vertrauenswürdig. Aber bei diesem Thema ist sie wohl etwas über das Ziel hinausgeschossen.

Genauso kann es Ihnen im geistlichen Bereich gehen, wenn Sie einfach jedem Wort Vertrauen schenken, das Sie z.B. von Ihrem Pastor in einer Predigt hören. Damit will ich nicht sagen, dass Sie Ihrem Pastor oder Verkündiger nicht mehr trauen sollen. Wir sind nicht zu generellem Misstrauen aufgerufen. Ganz und gar nicht! Aber wir sind dazu aufgerufen, das zu prüfen, was wir hören. In diesem Zusammenhang fällt mir immer wieder die Begebenheit ein, von der in der Apostelgeschichte berichtet wird. Der Apostel Paulus war zu dieser Zeit in Beröa. Von den Gemeindegliedern in Beröa heißt es in Apostelgeschichte 17,11: *„...sie nahmen das Wort bereitwillig auf und forschten täglich in der Schrift, ob sich's so verhielte".*

Wissen Sie, der Paulus war kein Mensch, dem man nicht vertrauen konnte. Ganz im Gegenteil! Es heißt ja von diesen Christen in Beröa, dass die das Wort Gottes bereitwillig aufnahmen. Aber an dieser Stelle war es eben noch nicht zu Ende, sondern sie haben in den ihnen vorliegenden Schriften geprüft, ob das auch richtig war, was ihnen der Paulus da erzählte. Genau so muss es sein. Und das leuchtet auch ein, denn in unserem Text heißt es: *„...denn es sind viele falsche Propheten ausgegangen in diese Welt".* Was Wort „ausgegangen", das hier so harmlos daherkommt, ist eigentlich aus der Militärsprache des Griechischen entlehnt und bedeutet so etwas wie „einen Angriff vortragen" oder „in den Kampf ziehen".

Der Apostel Paulus schreibt an die Christen in Ephesus Folgendes (Epheser 6,12): *„Denn wir haben nicht mit Fleisch und Blut zu kämpfen, sondern mit Mächtigen und Gewaltigen, nämlich mit den Herren der Welt, die in dieser Finsternis herrschen, mit den bösen Geistern unter dem Himmel".* Paulus empfiehlt uns deshalb in Epheser 6, die geistliche Waffenrüstung zu tragen, damit wir uns nicht einfach unterkriegen lassen, von diesen Angriffen. Und das ist nicht die einzige Stelle, wo wir auf einen geistlichen Kampf hingewiesen werden, den es zu führen gilt, wenn wir als Christen unserem Herrn Jesus nachfolgen möchten.

Jesus selbst warnt auch davor (Matthäus 10,16): *„Siehe, ich sende euch wie Schafe mitten unter die Wölfe. Darum seid klug wie die Schlangen und ohne Falsch wie die Tauben".* Damit sagt er ja nicht, dass er ein paar Wölfe für uns aussenden wird, damit wir als Schafe etwas zu tun haben. Nein, Jesus weist auf eine geistliche Realität hin, mit der wir es als Schafe, also als Kinder Gottes, zu tun haben. Wir befinden uns in einem Kampf, mitten unter Wölfen, die uns nicht freundlich gesonnen sind. Aber das war uns der Teufel ja noch nie. Er möchte uns von unserem Lebensweg mit Jesus abbringen und uns zerstören.

Dass an diesen Worten auch heute noch etwas dran ist, das sehen wir, wenn wir uns im religiösen Markt der Möglichkeiten einfach mal umsehen. Die Religionen und religiösen Gemeinschaften sind in ihrer Lehre heutzutage nicht mehr so weit auseinander. Sie können heute in christlichen Kreisen auch Yogaübungen machen und Ihren Stress mit Übungen aus der transzendentalen Meditation besänftigen. Sie können sich gesundheitlich mit Kügelchen und Steinchen heilen lassen und sich mit Nadeln piksen lassen, damit sich Ihre Muskulatur wieder entspannt. Das geht heute scheinbar alles! Doch Jesus sagt dazu nur: „Vorsicht, Kinder Gottes, Ihr befindet euch mitten unter Wölfen, die im Schafspelz daherkommen, inwendig sind sie aber reisende Wölfe, die nur darauf warten, euch zu verschlingen!" Und darum sind wir aufgefordert, die Geister zu prüfen, indem wir nicht allem Glauben schenken, was uns vor die Nase kommt.

2. Hinweis: Erkennt die Geister

Kap. 4,2-3: *„Daran sollt ihr den Geist Gottes erkennen: Ein jeder Geist, der bekennt, dass Jesus Christus in das Fleisch gekommen ist, der ist von Gott; 3 und ein jeder Geist, der Jesus nicht bekennt, der ist nicht von Gott. Und das ist der Geist des Antichrists, von dem ihr gehört habt, dass er kommen werde, und er ist jetzt schon in der Welt".*

In Vers 3 erhalten wir ein entscheidendes Kriterium, woran wir den Geist Gottes von dem Geist des Antichrists unterscheiden können: *„Ein jeder Geist, der bekennt, dass Jesus Christus in das Fleisch gekommen ist, der ist von Gott".* Die Irrlehrer in den Gemeinden in Kleinasien behaupteten ja, dass der göttliche Geist nur so lange bei Jesus war, wie er öffentlich auftrat. Danach soll der Geist Gottes wieder verschwunden sein, sodass am Kreuz auf Golgatha nur ein unbekannter Mensch mit Namen Jesus von Nazareth gestorben sei. Johannes sagt dazu: „Das ist völlig absurd! Genau daran erkennt ihr den Falschpropheten! Dass er Jesus nicht sein lässt, wer er war." Jesus ist wahrer Gott gewesen, und zugleich auch wahrer Mensch.

Das macht ja auch einen großen Teil der Faszination aus, die Jesus auch heute noch umgibt. Kein Mensch kann sich vorstellen, dass man Gott sein kann, und zugleich auch noch Mensch! Und dann gibt es ja noch diese Sache mit seinem Tod und seiner Auferstehung. Wie war denn das nun, wenn Jesus doch ganz Gott war, aber dann doch gestorben ist? Also, wenn Gott gestorben ist, wer hat ihn dann auferweckt? Wenn Sie sich wirklich intensiv mit der Sache befassen, werden die Fragen nicht weniger werden, ganz bestimmt!

Doch Johannes bezeugte schon in seinem Evangelium, dass Jesus das Wort Gottes ist, mit dem die Welt gegründet wurde. Gott sprach ein Wort und es geschah. Das heißt, dass Jesus die Schöpfung in ihr Sein gebracht hat. Durch das Wort - Jesus - ist diese Welt geworden, mit allem was in und über ihr ist. Das ist faszinierend! Aber das können Sie nicht beweisen. Viele von denen, die versucht haben, es zu erforschen, sind zu dem Ergebnis gekommen, dass dies alles kein Zufall sein kann, ohne es wirklich beweisen zu können. Dass eine Macht hinter allem stehen muss, die unvorstellbar groß ist. Und viele dieser Wissenschaftler kamen zum Glauben an Jesus!

Dennoch haben Sie damit ein Kriterium, an dem Sie prüfen können, ob die Worte eines Menschen vom Heiligen Geist inspiriert sind, oder von einem dämonischen Geist: Derjenige, der bekennt, wer Jesus wirklich war und ist, und das zu jeder Zeit und Gelegenheit. Das wird durch die grammatikalische Konstellation des Textes deutlich. Und das ist wichtig, vielleicht wichtiger als Sie denken! Wer schon einmal mit Kindern zu tun hatte, oder selbst Kinder hat - wir selbst waren ja auch mal Kinder -, der wird wissen, dass Kinder einem regelrecht nach dem Munde reden können, nur um etwas zu bekommen, was sie sehr gerne möchten.

Was können diese Kinder da plötzlich einsichtig sein, und Argumente hervorholen, wo dir hören und sehen vergeht. Aber das nicht, weil sie einsichtig sind, sondern um bei einem Freund übernachten zu dürfen, oder nicht in die Schule zu müssen, oder, oder. Aber wenn es nicht mehr um dieses Ziel geht, dann sind sie wieder ganz die Alten!

Mit den Geistern, die uns christliches Leben lehren möchten, ist es nicht anders. Prüfen Sie deshalb, ob die Botschaft, die Sie zu hören bekommen, generell auf der Linie der biblischen Botschaft ist oder nur punktuell. Wenn Lehre auch nur in Nuancen von der Bibel abweicht, können Sie davon ausgehen, dass Sie aufs geistliche Glatteis geführt werden.

Das kommt auch in der Gegenprobe zum Ausdruck, mit der Johannes hier argumentiert: *"...ein jeder Geist, der Jesus nicht bekennt, der ist nicht von Gott. Und das ist der Geist des Antichrists, von dem ihr gehört habt, dass er kommen werde, und er ist jetzt schon in der Welt".* Auch hier geht es darum, dass dieser Geist, der Jesus niemals bekennt, auch nicht von Gott ausgehen kann. Ohne Ausnahme! Jesus ist Weg, Wahrheit und Leben. Jesus ist unser Erlöser, Befreier und Heiler. Jesus ist der Sohn des lebendigen Gottes, in dem wir als gerechte und heilige Leute, direkt zur Rechten Gottes sitzen, und zwar in diesem Augenblick.

Auch das ist eine sehr schwer zu begreifende Sache, aber sie ist Realität. Wir leben als geistliche Wesen in einem menschlichen Körper.

Aber nicht mit griechischem Denken, als wäre der Körper ein Gefängnis, in dem ein höherer Geist wohnt und man deshalb den Körper vernachlässigen könne. Nein, sondern wir leben als geistliche Wesen in einem menschlichen Körper, mit dem wir einen Auftrag haben, in dieser Welt, auch wenn wir nicht von dieser Welt sind (Johannes 17).

Wer diesen Jesus Christus nicht als den anerkennt, der er in Wirklichkeit ist, der möchte uns in die Irre führen und gehört damit in den Reigen des Antichrists, des Gegen-Christus, der in Form dieser Irrlehrer schon jetzt in dieser Welt ist. Und das ist heute nicht anders, nur vielleicht nicht mehr so deutlich und konfrontativ wie damals.

Wer heute von Wahrheit spricht, wird ja sofort in die fundamentalistische Ecke gedrückt, wo Terrorismus und Fanatismus ihr Zuhause haben. Doch Jesus ist die Wahrheit, und darum stehe ich auch zu ihm und lasse mich nicht aufs Glatteis führen. Auf diese Weise können Sie die Geister prüfen! Und schließlich:

3. Hinweis: Lebt als Überwinder

Kap. 4,4-6: *„Kinder, ihr seid von Gott und habt jene überwunden; denn der in euch ist, ist größer als der, der in der Welt ist. 5 Sie sind von der Welt; darum reden sie, wie die Welt redet, und die Welt hört sie. 6 Wir sind von Gott, und wer Gott erkennt, der hört uns; wer nicht von Gott ist, der hört uns nicht. Daran erkennen wir den Geist der Wahrheit und den Geist des Irrtums".*

Dazu zitiere ich zwei Sätze, die Johannes in seinem Evangelium und in diesem ersten Johannes-Brief geschrieben hat (Johannes 16,33): *„In der Welt habt ihr Angst; aber seid getrost, ich habe die Welt überwunden"* und (1. Johannes 5,4): *„Denn alles, was von Gott geboren ist, überwindet die Welt; und unser Glaube ist der Sieg, der die Welt überwunden hat".* Hier müssen Sie genau hinhören, wenn Sie im Anschluss daran wirklich als Überwinder in dieser Welt leben wollen. Jesus sagt: *„Ich habe die Welt überwunden!"* Johannes sagt, dass der Glaube der Sieg ist, der die Welt überwunden *hat!* Und in unserem Text lesen wir, dass wir als Kinder Gottes jene überwunden *haben!* Diese Handlungen haben alle eines gemeinsam, nämlich dass sie schon abgeschlossen sind! Wissen Sie, das ist wichtig, wenn Sie in dem sog. „Kampf des Glaubens" leben möchten. Sie müssen wissen, dass Sie diesen Sieg nicht mehr selbst erringen müssen. Sie kämpfen nicht in der Weise, als stünde alles noch auf Messers Schneide.

Wer sich für Sport interessiert, der kennt diese Situation: Egal ob es sich um ein Rennen von Autos in der Formel 1 oder der Deutschen Tourenwagen-Meisterschaft handelt. Egal ob bei den Olympischen Spielen die 100-Meter-Läufer am Start stehen. Egal ob sich bei einem Fußballspiel zu Beginn die beiden Mannschaften um den Mittelkreis vereinen. Es ist bei keinem vorher wirklich klar, wie es am Ende ausgehen wird. Und schon mancher vermeintliche Top-Favorit ging geschlagen vom Feld, weil der krasse Außenseiter mal wieder über sich hinaus gewachsen ist. Beim Sport steht es also immer 50:50 und man muss sehen, wie es am Ende ausgehen wird.

Und dementsprechend müssen sich die Sportler ins Zeug legen, um am Ende wirklich als Sieger vom Platz oder über die Ziellinie zu gehen oder zu fahren. Aber nicht so im Kampf des Glaubens. Es geht zwar schon so zu, wie Paulus in 1. Korinther 9,24-25 schreibt:

> *„Wisst ihr nicht, dass die, die in der Kampfbahn laufen, die laufen alle, aber einer empfängt den Siegespreis? Lauft so, dass ihr ihn erlangt. 25 Jeder aber, der kämpft, enthält sich aller Dinge; jene nun, damit sie einen vergänglichen Kranz empfangen, wir aber einen unvergänglichen."*

Oder wie Petrus in 1. Petrus 5,8-9:

> *„Seid nüchtern und wacht; denn euer Widersacher, der Teufel, geht umher wie ein brüllender Löwe und sucht, wen er verschlinge. 9 Dem widersteht, fest im Glauben, und wisst, dass ebendieselben Leiden über eure Brüder in der Welt gehen."*

Also es ist ein wirklich realer Kampf, den Sie nicht auf die leichte Schulter nehmen sollten! Aber Sie kämpfen sozusagen von der Ziellinie aus. Stellen Sie sich einmal vor, Sie sind Mitglied einer Mannschaft, die in einem Pokal-Endspiel steht. Sie wissen, dass Sie dieses Spiel zu Ende bringen müssen. Der Unterschied zur irdischen Spielweise ist aber die, dass Sie den Pokal schon in der Tasche haben. Sie haben schon gesiegt! Dennoch müssen Sie das Spiel noch spielen, weil der Gegner ein Anrecht darauf hat, dieses Spiel zu spielen und weil er auch darauf besteht, dieses Spiel zu Ende zu spielen. Es geht also für Ihre Mannschaft nicht mehr darum, zu gewinnen, denn das ist längst passiert! Sondern der Fokus liegt auf Ihnen als einzelnem Spieler Ihrer Mannschaft. Der Gegner möchte dieses Spiel zu Ende spielen, weil er den Sieg möglichst noch beeinträchtigen möchte. Und das kann er tun, indem er es schafft, einzelne Spieler aus Ihrer Mannschaft zu drängen, zu verletzen oder dazu zu bringen, die Mannschaft zu wechseln.

Klar, denken wir, dass dies totaler Irrsinn ist! Wie kann ich von der Siegermannschaft in eine Mannschaft wechseln wollen, die von vornherein verloren hat. Aber schauen Sie sich doch in der Welt um. Das zieht sich hinein bis in die christliche Gemeinde. Eigentlich ist es völliger Quatsch, nicht zur Mannschaft Gottes gehören zu wollen. Denn wir haben den Sieg bereits in der Tasche! Doch der Feind hat genügend Mittel, um das Spiel zu beeinträchtigen. Im Grunde ist es gar kein Spiel sondern purer Ernst. Aber auch das begreifen noch nicht alle Protagonisten, die an dem Spiel beteiligt sind. Wir haben zwar gewonnen, aber der Feind meint es dennoch wirklich ernst.

Doch das muss uns keine Angst machen. Ich finde das so schön, was Johannes uns Christen in diesen Sätzen mit auf den Weg gibt. Schon die Anrede: *„Kinder, ihr seid von Gott!"*, das ist wie eine Geburtsurkunde. Eine Bestätigung, dass ich zur Familie Gottes gehöre. Ich bin von Gott oder aus Gott heraus! Wie ich vorhin schon angedeutet habe, als geistliches Wesen in einem menschlichen Körper. In der Welt, aber nicht von der Welt, wie Jesus gesagt hat (Johannes 17). Oder so, wie es Paulus geschrieben hat. Einen Satz, den Sie auswendig lernen können, denn er ist eine zentrale Botschaft für unser Leben als Christ und Überwinder (Galater 2,20):

> *„Ich lebe, doch nun nicht ich, sondern Christus lebt in mir. Denn was ich jetzt lebe im Fleisch, das lebe ich im Glauben an den Sohn Gottes, der mich geliebt hat und sich selbst für mich dahingegeben."*

Christus lebt in mir! Und wenn ich als Überwinder leben möchte, dann lebt er auch durch mich hindurch, zu anderen Menschen (Johannes 7,38): *„Wer an mich glaubt, wie die Schrift sagt, von dessen Leib werden Ströme lebendigen Wassers fließen"*. Das alles ist wirklich atemberaubend.

Und doch werden wir nicht dazu gezwungen. Keiner von Ihnen wird dazu gezwungen, in der Mannschaft Gottes zu bleiben und den Kampf zu Ende zu bringen. Wer es aber möchte, der wird dabei nicht alleine gelassen. Eine wichtige Anordnung dazu haben Sie heute bekommen: „Prüft die Geister!"

Vertrauen Sie nicht allem, was Ihnen erzählt wird. Wie gesagt, deshalb müssen Sie keine Lebenseinstellung des Misstrauens bekommen. Ganz und gar nicht! Aber Sie dürfen gerne hellwach sein, damit Sie niemand überrumpeln kann. Forschen Sie in der Schrift und lassen Sie sich lehren, damit Sie die Geister erkennen können!

Und dann leben Sie als Überwinder! Als Mensch, der von der Ziellinie her kämpft. Als Kind Gottes, das den Pokal schon in der Hand hat, das aber seinen Auftrag auf dem Spielfeld dieser Welt noch zu Ende bringen muss, denn dazu sind wir hier. Und darum möchte ich Ihnen Mut machen, mit den Worten aus Hebräer 12,1-2:

> *„Lasst uns laufen mit Geduld in dem Kampf, der uns bestimmt ist, 2 und aufsehen zu Jesus, dem Anfänger und Vollender des Glaubens."*

Gottes Liebe

(1. Johannes 4,7-21)

Im deutschen Sprachgebrauch verbinden wir ganz verschiedene Dinge mit dem Wort Liebe. Das kann z.B. eine Zuneigung für eine Sache sein, wie Blumen, Pflanzen, Landschaften, Musikinstrumente, Geld, usw. Oder wir verbinden damit die Zuneigung zu einem Menschen, einem Freund, einem Ehepartner, den Eltern, einem Bekannten, usw. Manche verbinden mit dem Wort Liebe die Ehe, die Sexualität, einen Geschlechtsakt oder einfach eine Freundschaft.

Wenn wir also im Deutschen von der Liebe reden, kann es um die unterschiedlichsten Dinge gehen. Und das macht den sprachlichen Umgang damit nicht einfacher. Denn wenn bei uns jemand von Liebe redet, ist damit nicht sofort klar, was er oder sie damit meint. Die englische Sprache ist da schon etwas differenzierter, wenn sie von „love" und „like" spricht: „love" ist Liebe und „like" spricht davon, etwas gern zu haben oder zu mögen.

Richtig interessant wird es, wenn wir in die Sprache des klassischen Griechisch eintauchen, denn dort wird in Sachen „Liebe" noch mehr unterschieden. Es gibt im klassischen Griechisch dafür drei Begriffe: erao = die strebende, besitzergreifende Liebe, fileo = die Neigung zu einer Sache oder einem Menschen und agapao = im Neuen Testament: die Liebe Gottes (allumfassend). Das Wort „erao" kennen wir von dem deutschen Begriff „Eros" oder „Erotik". Diese besitzergreifende oder strebende Liebe kommt so im Neuen Testament nicht vor. Vermutlich liegt das an dem egozentrischen Akzent, der mit diesem Wort einhergeht! Die Worte „fileo" und „agapao" werden im Neuen Testament öfter verwendet, wobei „agapao" immer nur dann auftaucht, wenn es um die Liebe Gottes geht, oder um eine Ausprägung der Liebe, die ihren Ursprung im Wesen und Wirken Gottes hat.

In diesem ersten Brief des Johannes tauchte dies schon in Kapitel 3,18 auf: *„Meine Kinder, lasst uns nicht lieben -* agapao *- mit Worten noch mit der Zunge, sondern mit der Tat und mit der Wahrheit".* Die dort

Gottes Liebe

angesprochenen Menschen sollen also eine in Gott gegründete Liebe ganz praktisch ausleben! Wie dies im Lebensalltag gelebt werden könnte, werde ich gleich noch ausführen.

Zunächst aber werden wir uns ein paar Merkmale dieser Liebe Gottes anschauen. Dass dies wichtig ist, werden Sie sehen, wenn es darum geht, diese Liebe in unser Leben zu integrieren. Das geht nicht einfach so, als ob Sie einen Schalter umlegen, um das Licht im Wohnzimmer anzuknipsen. Und doch ist es so einfach, dass es Kinder ebenso praktizieren können, wie Erwachsene. Doch bevor ich jetzt schon auf die Details eingehe, lassen Sie uns zunächst einmal einen Blick auf diese Liebe Gottes werfen. Dazu zitiere ich einen Bibeltext aus 1. Johannes 4,7-21:

> *„Ihr Lieben, lasst uns einander lieb haben; denn die Liebe ist von Gott, und wer liebt, der ist von Gott geboren und kennt Gott. 8 Wer nicht liebt, der kennt Gott nicht; denn Gott ist die Liebe. 9 Darin ist erschienen die Liebe Gottes unter uns, dass Gott seinen eingebornen Sohn gesandt hat in die Welt, damit wir durch ihn leben sollen. 10 Darin besteht die Liebe: nicht dass wir Gott geliebt haben, sondern dass er uns geliebt hat und gesandt seinen Sohn zur Versöhnung für unsere Sünden. 11 Ihr Lieben, hat uns Gott so geliebt, so sollen wir uns auch untereinander lieben. 12 Niemand hat Gott jemals gesehen. Wenn wir uns untereinander lieben, so bleibt Gott in uns, und seine Liebe ist in uns vollkommen. 13 Daran erkennen wir, dass wir in ihm bleiben und er in uns, dass er uns von seinem Geist gegeben hat. 14 Und wir haben gesehen und bezeugen, dass der Vater den Sohn gesandt hat als Heiland der Welt. 15 Wer nun bekennt, dass Jesus Gottes Sohn ist, in dem bleibt Gott und er in Gott. 16 Und wir haben erkannt und geglaubt die Liebe, die Gott zu uns hat. Gott ist die Liebe; und wer in der Liebe bleibt, der bleibt in Gott und Gott in ihm. 17 Darin ist die Liebe bei uns vollkommen, dass wir Zuversicht haben am Tag des Gerichts; denn wie er ist, so sind auch wir in dieser Welt. 18 Furcht ist nicht in der Liebe, sondern die vollkommene Liebe treibt die Furcht aus; denn die Furcht rechnet mit Strafe. Wer sich aber fürchtet, der ist*

nicht vollkommen in der Liebe. 19 Lasst uns lieben, denn er hat uns zuerst geliebt. 20 Wenn jemand spricht: Ich liebe Gott, und hasst seinen Bruder, der ist ein Lügner. Denn wer seinen Bruder nicht liebt, den er sieht, der kann nicht Gott lieben, den er nicht sieht. 21 Und dies Gebot haben wir von ihm, dass, wer Gott liebt, dass der auch seinen Bruder liebe."

Beim Bearbeiten dieses schönen Liebestextes bin ich auf insgesamt fünf Merkmale gestoßen, die diese Liebe Gottes einrahmen. Ich bin mir sicher, dass es noch viel mehr Merkmale gibt, aber ich glaube, dass uns diese fünf schon eine gute Basis geben, um mit dieser Liebe leben zu können. Ich zähle die Merkmale für uns auf: 1. Liebe ist erschienen - 2. Liebe wird gesehen - 3. Liebe wird erkannt - 4. Liebe bringt Zuversicht - 5. Liebe will gelebt sein. Das ist zwar der letzte Punkt in meiner Aufzählung, aber Sie werden gleich noch sehen, dass sich dieser Punkt durch den gesamten Text zieht. Aber zunächst von vorne:

1. Merkmal der Liebe Gottes: Die Liebe ist erschienen

Kap. 4,9-10: *„Darin ist erschienen die Liebe Gottes unter uns, dass Gott seinen eingebornen Sohn gesandt hat in die Welt, damit wir durch ihn leben sollen. 10 Darin besteht die Liebe: nicht dass wir Gott geliebt haben, sondern dass er uns geliebt hat und gesandt seinen Sohn zur Versöhnung für unsre Sünden".*

Ich erinnere mich noch an meine Kinder- und Jugendzeit: Wenn ich mal nicht rechtzeitig nach Hause kam, konnten meine Eltern bei meinem Eintreffen manchmal sagen: „Jetzt wird es aber Zeit, dass du auf der Matte stehst!" Vielleicht haben das die Israeliten der damaligen Zeit in Bezug auf Gott manchmal auch gedacht, denn sie mussten eine sehr lange Zeit warten. Nachdem der letzte Prophet ein Wort von Gott zu ihnen gesagt hatte, war ca. 400 Jahre Sendepause. Das ist eine sehr lange Zeit! Vielleicht haben sie auch deshalb ihren Messias nicht als solchen erkannt.

Dennoch ist er erschienen. Nach unserer Zeitrechnung ca. 4-6 nach Christus. Jesus kam als Mensch in diese Welt. Und Johannes sagt von ihm: „Darin ist erschienen die Liebe Gottes unter uns!" Und das alles hatte einen Grund: *„...damit wir durch ihn leben sollen".* Wenn es um

Gottes Liebe

Leben geht, fällt mir sofort Johannes 3,16 ein: *„Also hat Gott die Welt geliebt, dass er seinen eingeborenen Sohn gab, damit alle, die an ihn glauben, nicht verloren werden, sondern das ewige Leben haben".* Oder zwei Kapitel weiter sagt Johannes (Johannes 5,24): *„Wer mein Wort hört und glaubt dem, der mich gesandt hat, der hat das ewige Leben und kommt nicht in das Gericht, sondern er ist vom Tode zum Leben hindurchgedrungen".*

Ich glaube, dass es hier nicht nur um das ewige Leben geht, sondern dass dieses Leben hier in zweifacher Hinsicht gemeint ist. Zum einen das ewige Leben bei Gott. Das war sicher das primäre Ziel der Menschwerdung Gottes, in Jesus Christus: Dass jeder Mensch die Möglichkeit haben soll, einmal für alle Zeit bei Gott zu sein!

Aber dann ging es auch um das Leben hier auf der Erde. Schließlich verbringen wir Menschen - wenn es normal läuft - gut 80 bis 90 Jahre auf dieser Erde. Also kann ich mir schlecht vorstellen, dass es Gott nur um das ewige Leben geht und das Leben hier auf der Erde wird ausgeklammert. Das klingt z.B. in Johannes 10,10 völlig anders: *„Ich bin gekommen, damit sie das Leben und volle Genüge haben sollen".* Im Urtext steht hier der Konjunktiv: *„...volle Genüge* - oder Überfluss - *haben können".* Damit möchte ich keinem Wohlstands-Evangelium das Wort reden. Aber diese Aussage bedeutet doch, dass es im Leben eines Christen auch großen Überfluss an materiellen Dingen geben kann.

Und dann kommt noch etwas, das mir persönlich sehr wichtig ist: Eine Botschaft an alle, die uns Christen immer wieder dazu aufrufen, dass wir doch auf jeden Fall lieben müssten. Hier bekommen wir gesagt: *„Darin besteht die Liebe: nicht dass wir Gott geliebt haben, sondern dass er uns geliebt hat".* Der Ursprung menschlicher Liebe findet sich demnach nicht im Menschen selbst, sondern darin, dass Gott uns zuerst geliebt hat!

Damit wäre in Sachen Liebe geklärt, was zuerst war: Nicht die Liebe des Menschen zu Gott, sondern die Liebe Gottes zu den Menschen. Und weil es diese Liebe Gottes zu uns Menschen gibt, deshalb sind Sie in der Lage, andere Menschen zu lieben! Ohne diesen Liebesvorschuss Gottes würde es einfach nicht funktionieren. Dieser zeigt sich darin, dass er seinen Sohn zu uns gesandt hat, *„zur Versöhnung für unsere Sünden".* Und das macht er nicht noch einmal, eine einmalige Sache, so die Aussage im griechischen Urtext. Und das macht auch die Vergebung unserer Sünden einmalig, einmal vergeben, für immer! Eine herrliche Sache: Ja, die Liebe ist erschienen.

2. Merkmal der Liebe Gottes: Die Liebe wird gesehen

Kap. 4,12: *„Niemand hat Gott jemals gesehen. Wenn wir uns untereinander lieben, so bleibt Gott in uns, und seine Liebe ist in uns vollkommen".*

Hier bekommen Sie eine Denkaufgabe mit auf dem Weg, die aber gar nicht so schwer ist, wenn Sie ganz genau hinschauen: „Niemand hat Gott jemals gesehen". Ich glaube, das können Sie bejahen. Oder haben Sie Gott schon einmal genau so gesehen, wie er ist? Ich denke, die meisten von uns noch nicht. Johannes schreibt es ja auch. Aber was will er damit sagen? Er will damit sagen, dass die Liebe, und damit Gott, dennoch gesehen werden kann. Und das wird deutlich in den Worten, die auf seine Aussage über Gott folgen: „Wenn wir uns untereinander lieben, so bleibt Gott in uns, und seine Liebe ist in uns vollkommen".

Wow! Gott kann also doch gesehen werden, und zwar dann, wenn wir uns untereinander lieben. Denn dann bleibt Gott in uns, und seine Liebe, nämlich er selbst, ist dann in uns vollkommen vorhanden. Überlegen Sie zunächst einmal noch gar nicht, wie es dazu kommen kann, dass wir einander lieben können. Das ist jetzt noch nicht wichtig. Lassen Sie sich erst einmal diese Aussage auf der Zunge zergehen, dass es tatsächlich sein kann, dass Ihnen ein Mensch begegnet, und dieser Mensch trifft dabei direkt auf Gott, weil Sie die Liebe Gottes repräsentieren. Ihr Lächeln ist dann Gottes Lächeln. Ihre Gesten sind dann Gesten Gottes. Ihre Freundlichkeit ist dann die Freundlichkeit Gottes. Ihre Geschenke sind dann die Geschenke Gottes. Ihre Barmherzigkeit ist dann die Barmherzigkeit Gottes.

Und da können Sie jetzt noch ganz viele Dinge anhängen, die sich im Rahmen solch einer Begegnung zweier Menschen abspielen können. Der andere Mensch wird seinem Gott begegnen, durch Sie, weil Sie bereit sind, den anderen Menschen zu lieben. Dadurch bleibt Gott in Ihnen und seine vollkommene Liebe auch. Ist das vorstellbar? Ist das nachvollziehbar? Vielleicht nicht auf Anhieb, aber es ist auf alle Fälle atemberaubend und übernatürlich. Denn in der Natur des Menschen liegt es, sich eher misstrauisch und lieblos zu begegnen. Aber wir Christen können einander wirklich in Liebe begegnen, weil Gott in seiner Liebe in uns ist!

Auf diese Weise kann die Liebe, die in Jesus Christus erschienen ist, auch heute - ca. 2000 Jahre später - noch live gesehen werden, sicher nicht im Original, aber auch nicht als Kopie. Aber originell und individuell, so wie uns Gott geschaffen hat. Eine wunderbare Sache: Die Liebe wird gesehen.

3. Merkmal der Liebe Gottes: Die Liebe wird erkannt

Kap. 4,13-16: *„Daran erkennen wir, dass wir in ihm bleiben und er in uns, dass er uns von seinem Geist gegeben hat. 14 Und wir haben gesehen und bezeugen, dass der Vater den Sohn gesandt hat als Heiland der Welt. 15 Wer nun bekennt, dass Jesus Gottes Sohn ist, in dem bleibt Gott und er in Gott. 16 Und wir haben erkannt und geglaubt die Liebe, die Gott zu uns hat. Gott ist die Liebe; und wer in der Liebe bleibt, der bleibt in Gott und Gott in ihm".*

Der Apostel Paulus schreibt in Römer 8,16: *„Der Geist selbst gibt Zeugnis unserm Geist, dass wir Gottes Kinder sind".* Und wie geht das? Durch Beziehung! Das bringt das Wörtchen „erkennen" zum Ausdruck (griechisch: ginosko). Ein intimes Erkennen, das nicht nur auf Logik aufbaut, sondern auf einer Herzensbeziehung. Also ein „erkennen", das mit Herz und Verstand geschieht. Und das können Johannes und seine Glaubensschwestern und -brüder noch bezeugen, weil sie es mit den eigenen Augen gesehen haben. Sie haben Jesus selbst erlebt, berührt und gehört. Sie haben seine Wunder gesehen.

Also ich wäre gerne dabei gewesen, als Jesus, bei der Speisung der Viertausend, mit ein paar Broten und Fischen ca. 16.000 Menschen gespeist hat. Im biblischen Bericht wurden ja nur die Männer gezählt. Und wenn man dann noch die Frauen dazu zählt und davon ausgeht, dass die meisten als ganze Familie unterwegs waren, dann kommt man auf mindestens 16.000 Menschen bei der Speisung der 4000, und auf ca. 20.000 Menschen bei der Speisung der 5000. Wenn Sie das miterlebt hätten, dann hätten Sie auch etwas zu erzählen. Natürlich war es auch eine Herausforderung, mit Jesus unterwegs zu sein. Bei der eben erwähnten Sache forderte Jesus seine Jünger heraus, indem der zu ihnen sagte: „Gebt ihr ihnen etwas zu essen!", diesen 16.000 oder 20.000 Menschen.

Und wenn Sie dann erlebt hätten, was Johannes mit Jesus erlebt hatte, würden Sie es sich auch nicht mehr nehmen lassen, den *„Heiland der Welt"* gesehen und aus tiefstem Herzen erkannt zu haben. Wer das alles nicht glauben kann, der gehört auch nicht zur Familie Gottes (Vers 15) ein verbaler Seitenhieb auf die Irrlehrer in der Gemeinde. Doch wir haben *„erkannt und geglaubt"*, sagt Johannes. Das ist etwas, das auch für uns Christen heute wichtig ist, denn unser Glaube braucht eine Basis. Und diese Basis ist das Erkennen und Anerkennen Gottes als den, der er ist, und als den, der er in Jesus Christus für uns Menschen geworden ist.

Wenn es in Ihrem Glauben nicht zu einem Erkennen Gottes kommt, von dem nicht nur Ihr Verstand berührt wird, sondern auch Ihr Herz, bleibt alles nur Religion. Sie folgen dann irgendwelchen religiösen Lehren, Riten, Sitten und Gebräuchen, aber ohne innere Beteiligung. Das heißt nicht, dass Religion nicht emotional sein kann, ganz bestimmt nicht. Es gibt viele Menschen auf der ganzen Welt, die von religiösen Riten, Sitten und Gebräuchen total angetan sind, die ihre Zeremonien zelebrieren und ihre Mandras wiederholen müssen. Aber für eine Beziehung zu Gott, die in einem lebendigen Glauben an einen lebendigen Herrn mündet, reicht dies nicht aus!

„Gott ist die Liebe; und wer in der Liebe bleibt, der bleibt in Gott und Gott in ihm." Es ist schon eine Art Paradoxon, was Johannes hier beschreibt. Denn er schreibt über etwas, das wir tun sollen: *„wer in der Liebe bleibt"*, aber eigentlich gar nicht tun können. Aber genau da kommt für mich die intime Beziehung zu Gott ins Spiel. Ich persönlich sitze bei solchen Worten einfach nur da und sage: „Herr, es ist egal, ob ich verstehe, was du in deinem Wort beschreibst. Aber du hast mein Herz berührt, sodass ich weiß, dass es wahr ist und ich danach leben kann."

Ich kann mich noch an die Zeiten erinnern, in denen ich solche Texte verstehen musste, bevor ich danach handeln konnte. Und auch heute ist es noch so, dass ich Bibeltexte gerne verstehen und nachvollziehen möchte. Aber heute ist anders, dass ich auch dann nach dem Wort Gottes leben und handeln kann, wenn ich es nicht verstehe, wenn ich nicht nachvollziehen kann, wie es funktioniert. Das ist ein Ergebnis eines langen Prozesses, in dem mir Gott immer wieder mitgeteilt hat, ich solle loslassen und ihm alleine vertrauen. Und dann habe ich losgelassen, habe nicht mehr versucht, alles zu verstehen und nachvollziehen zu können, habe einfach zu ihm gesagt: „Herr, wenn du es so schreibst, dann ist es sicher richtig und wird funktionieren, auch wenn ich nicht weiß, an welchen Knöpfen ich drehen muss. Mache du einfach, dass es funktioniert. Lass mich lieben, denn du hast mich zuerst geliebt. Das alleine zählt!"

Ich hatte einmal einen Chef, der hat mir echt übel mitgespielt. Heute nennt man so etwas Mobbing. Normalerweise hat man für solch einen Menschen nur die übelsten Ideen und Gedanken übrig: Fesseln - Knebeln - auf den Mond schießen und all solche Sachen. Auf jeden Fall keine Liebe, wie sie hier beschrieben ist. Ich war durch dieses Mobbing so tief verletzt, dass ich gar nicht wusste, wie das mit der Liebe jemals wieder gehen sollte. Da war nicht einfach ein Knopf, an dem ich hätte drehen können, damit sich meine Einstellung verändert. Ich war sehr ratlos und emotional völlig am Ende. Ich dachte, ich drehe noch durch!

In meiner Verzweiflung habe ich alles Gott hingelegt und in gebeten, mir zu helfen, diesem Menschen zu vergeben und ihn von neuem lieben zu können. Lieben wollte ich schon, auch wenn ich nicht wusste, wie das hätte gehen sollen. Aber dann fing ein Prozess in mir an, den ich gar nicht beschreiben kann. Es hat sich in mir langsam etwas verändert und Gott fing an, meine Wunden zu heilen. Nicht von heute auf morgen, aber doch so, dass ich diesem Menschen nach einer Zeit wieder vergeben konnte und ihm heute wieder offen und frei begegnen kann. Er selbst wusste und weiß von diesem Prozess bis heute nicht wirklich etwas. Aber das spielt gar keine Rolle. Ich bin wieder heil geworden, weil die Liebe Gottes in Jesus Christus erschienen ist und wir sie erkennen und glauben können. Eine herrliche Sache: Die Liebe wird erkannt.

4. Merkmal der Liebe Gottes: Die Liebe bringt Zuversicht

Kap. 4,17-18: *„Darin ist die Liebe bei uns vollkommen, dass wir Zuversicht haben am Tag des Gerichts; denn wie er ist, so sind auch wir in dieser Welt. 18 Furcht ist nicht in der Liebe, sondern die vollkommene Liebe treibt die Furcht aus; denn die Furcht rechnet mit Strafe. Wer sich aber fürchtet, der ist nicht vollkommen in der Liebe".*

Ich kann mich noch gut an eine Begebenheit in meiner Kinderzeit erinnern. Wir waren vier Jungs, die keine Kinder von Traurigkeit waren. Tagsüber war unsere Mutter auf der Arbeit und der Vater war die Woche über auf Montage. Eines Tages haben wir Showkämpfe miteinander gemacht, vom Esszimmer ins Wohnzimmer. Leider hing die Wohnzimmerlampe mit ihren vier Lampenschirmen aus Glas etwas tief, sodass einer von uns beim Überschlag, einen dieser Lampenschirme aus der Fassung entfernt hat. Leider war er aus Glas, sodass im Anschluss daran nur noch drei Lampenschirme übrig waren.

Wissen Sie, was Furcht vor einem Gericht ist? Wenn Sie einen Lampenschirm aus einer Fassung entfernen und ihn dabei zerstören, ohne die Mama vorher gefragt zu haben. Naja, Sie können sich vorstellen, dass wir nicht wirklich begnadigt wurden. Wenn ich nun daran denke, wieviel Porzellan ich als Christ schon zerbrochen habe, da ist solch ein Lampenschirm nichts dagegen! Und dennoch brauche ich keine Angst zu haben, dass mich Gott einmal im Gericht verurteilen wird. Wenn ich im Glauben an und in der Liebe zu Gott mein Leben lebe, dann werde ich nach meinem Tod auf jeden Fall bei ihm sein!

Paulus schreibt in Römer 8,1: *„So gibt es nun keine Verdammnis für die, die in Christus Jesus sind!"* Das ist ein Freispruch, der mich in dieser Welt sehr gelassen leben lässt. Und die Liebe Jesus ist der Auslöser für diese Zuversicht.

5. Merkmal der Liebe Gottes: Die Liebe will gelebt sein

Dieses Merkmal der Liebe Gottes zieht sich durch den gesamten Bibeltext, den wir gerade betrachten. Ich zitiere deshalb die Verse 7-8+11+19-21, aus 1. Johannes 4:

> *„Ihr Lieben, lasst uns einander lieb haben; denn die Liebe ist von Gott, und wer liebt, der ist von Gott geboren und kennt Gott. 8 Wer nicht liebt, der kennt Gott nicht; denn Gott ist die Liebe. [...] 11 Ihr Lieben, hat uns Gott so geliebt, so sollen wir uns auch untereinander lieben. [...] 19 Lasst uns lieben, denn er hat uns zuerst geliebt. 20 Wenn jemand spricht: Ich liebe Gott, und hasst seinen Bruder, der ist ein Lügner. Denn wer seinen Bruder nicht liebt, den er sieht, der kann nicht Gott lieben, den er nicht*

Gottes Liebe

sieht. 21 Und dies Gebot haben wir von ihm, dass, wer Gott liebt, dass der auch seinen Bruder liebe."

Es ist wie eine Klammer um diese 14 Verse, die wir miteinander betrachten: *„Lasst uns einander lieb haben"* und *„dies Gebot"* oder besser übersetzt: „diesen Auftrag haben wir von ihm", den Bruder zu lieben. Also ganz eindeutig: Praxis - Praxis - Praxis. Alles, was nicht gelebt wird, bleibt Theorie.

Schön finde ich, dass wir es hier nicht mit einer Befehlsform zu tun haben, sondern dieses „lasst uns" ist von der Verbform her eine Selbstaufforderung. So, als ob Sie vor einer Aufgabe stehen und zu sich selbst sagen: „Jetzt will ich es schaffen!" Keiner zwingt Sie dazu, dennoch möchten Sie die Aufgabe meistern. Und genauso dürfen wir es hier auch verstehen. Wir werden von Gott nicht dazu gezwungen, andere Menschen zu lieben. Frei nach dem Motto: Also wenn du diesen Menschen in der Gemeinde nicht lieben kannst, dann werde ich dein Verhalten extrem sanktionieren bzw. bestrafen.

Mit solchen Sätzen im Hinterkopf bin ich aufgewachsen. Wenn wir als Kinder nicht in die Bibelstunde am Sonntag mit wollten, dann konnte eine nahe Verwandte schon manchmal zu uns sagen: „Wenn du nicht gehst, dann sitzt der Teufel auf deinem Platz!" Solche Stilblüten sind zum Glück enorm zurückgegangen. Aber genau das ist geistlicher Zwang, den Sie von Gott nicht zu erwarten haben. Wie könnte auch jemand schreiben: *„Ihr Lieben, lasst uns..."*, wenn es danach so lieblos zuginge, dass Sie zu dem gezwungen wären, was er Ihnen geschrieben hat. Nein, Nein, Zwang wird es nicht geben.

Dennoch sind wir gezwungen, andere zu lieben. Aber dieser Zwang ist etwas völlig anderes. Er ist von der Art, dass Sie von sich aus gar nicht anders können, als andere zu lieben. Ich denke, Sie kennen dieses Gefühl, bei dem Sie zu sich sagen: „Wenn es nicht gleich losgeht, dann platze ich vor Anspannung und Aufregung!"

Johannes sagt: *„Lasst uns lieben, denn er hat uns zuerst geliebt"*. Ich habe dies in meinem eigenen Leben erlebt. Seit mich die Liebe Jesu im Herzen berührt hat, falle ich sicher nicht jedem Menschen sofort um den Hals. Dazu bin ich viel zu introvertiert und auch viel zu sachlich und aufgabenorientiert.

Aber seit mich diese Liebe Jesu im Herzen berührt hat, fällt es mir enorm schwer, Menschen böse zu sein, oder sie lieblos zu behandeln. Das heißt nicht, dass ich jetzt vollkommen wäre und mir lieblose Worte oder Handlungen völlig fremd wären. Nein, das ganz bestimmt nicht. Dennoch ist etwas anders geworden.

Ich saß eines Tages mit einem Pastor zusammen und wir unterhielten uns sehr gut. Es ging in dem Gespräch um seine Familie und ich gab ihm ein paar sehr unsensible und überhebliche Ratschläge. Als wir uns trennten ging es mir immer wieder durch den Kopf: „Hans-Werner, das war echt lieblos! Du bist ihm zu nahe getreten!" Und das waren keine Stimmen des Feindes in meinem Kopf, die mich verdammen sollten. Im Gegenteil. Das war ein guter Bekannter, der Heilige Geist, der mir helfen wollte, die Sache wieder in Ordnung zu bringen, was ich dann auch getan habe. Es geht einfach nicht mehr ohne Liebe, auch wenn sie nicht immer als erstes ausgelebt wird.

Fünf Merkmale der Liebe Gottes haben wir betrachtet, die Ihnen die Liebe Gottes etwas näher bringen sollten. Ich wünsche Ihnen, dass Sie davon so berührt werden, dass Sie gar nicht mehr anders können, als anderen Menschen mit Liebe zu begegnen. Und das nicht, weil Sie dazu gezwungen sind, um einem Gericht zu entgehen, sondern weil Sie in Ihrem Herzen erkannt und geglaubt haben, wer Jesus für Sie ist.

Und dann können Sie auch aus ganzem Herzen nach dem handeln, was Johannes Ihnen in 1. Johannes 4,19 sagt: *„Lasst uns lieben, denn er hat uns zuerst geliebt".*

Christen sind Sieger!

(1. Johannes 5,1-5)

Also wenn man zu den Siegern gehört, dann ist das schon ein schönes Gefühl, nicht? Ich habe als Teenager selbst Fußball gespielt. Zu Hause in unserer Dorfmannschaft war ich der Torwart. In unserem Verein war ich Verteidiger. Eines Tages flog bei einem Spiel der Vereinsmannschaft der Ball in hohem Bogen in den Strafraum. Und ich sprang hoch und fing den Ball mit beiden Händen. Ja, ich hatte ihn fest! Das dumme dabei war nur, dass ich gar nicht der Torwart war, sondern der Verteidiger. Das Ende vom Lied: Es gab Elfmeter für die anderen und wir verloren das Spiel. Das war ein ganz schlimmes Gefühl, zumal ich noch daran schuld war.

Ein ganz anderes Gefühl hatte ich, als ich in meiner Kinderzeit auf einem Sommerlager unserer Jungschargruppe war. Durch die 10 Tage hindurch zogen sich verschiedene Spiele und Wettbewerbe, die sich alle rund um das Thema „die geistliche Waffenrüstung Gottes" bewegten: Hindernislauf, Wagenrennen, Mutproben, usw. Am Ende hatte der Leiter eine Art Treppchen aufgebaut, wie bei offiziellen Sportwettkämpfen auch. Die ersten drei sollten geehrt werden. Ich kam als letzter auf das Treppchen, denn ich war der Sieger des ganzen Wettkampfes! Vor allen anderen wurde ich geehrt. Das ist das Gefühl des Sieges.

Interessant für mich ist nun, dass z. B. der Apostel Paulus genau dieses Bild eines Wettkampfes nimmt, um unser Leben im Glauben zu beschreiben. Ein Leben, das geprägt ist von laufen, kämpfen und siegen. Ich zitiere dazu drei Bibelstellen aus den Briefen des Paulus: 1. Korinther 9,24-27: *„Wisst ihr nicht, dass die, die in der Kampfbahn laufen, die laufen alle, aber einer empfängt den Siegespreis? Lauft so, dass ihr ihn erlangt. 25 Jeder aber, der kämpft, enthält sich aller Dinge; jene nun, damit sie einen vergänglichen Kranz empfangen, wir aber einen unvergänglichen. 26 Ich aber laufe nicht wie aufs Ungewisse; ich kämpfe mit der Faust, nicht wie einer, der in die Luft schlägt, 27 sondern ich bezwinge meinen Leib und zähme ihn, damit ich nicht andern predige und selbst verwerflich werde."*

Christen sind Sieger!

1. Timotheus 6,12: *"Kämpfe den guten Kampf des Glaubens; ergreife das ewige Leben, wozu du berufen bist und bekannt hast das gute Bekenntnis vor vielen Zeugen."*

2. Timotheus 4,7-8: *"Ich habe den guten Kampf gekämpft, ich habe den Lauf vollendet, ich habe Glauben gehalten; 8 hinfort liegt für mich bereit die Krone der Gerechtigkeit, die mir der Herr, der gerechte Richter, an jenem Tag geben wird, nicht aber mir allein, sondern auch allen, die seine Erscheinung lieb haben."*

In diesen Worten des Paulus leuchten zwei Dinge auf, die Ihr Leben als Christ, in der Nachfolge Jesu, ausmachen: Zunächst einmal „Ja", es ist ein Kampf, den Sie zu kämpfen haben. Das Leben ist kein Spiel, erst recht das geistliche Leben nicht. Ihr Glaube an Jesus Christus, als Ihren Erlöser, will gelebt und verteidigt sein.

Aber dann gilt auch ein Zweites: „Ja", die Krone des Sieges liegt schon bereit. Das ewige Leben ist uns gewiss. Wir mögen vielleicht als letzter aufgerufen werden. Aber nur dazu, um auf dem Siegertreppchen ganz oben zu stehen. Das ist das Gefühl des Siegers, das uns Jesus Christus durch seinen Tod und seine Auferstehung ermöglicht hat.

Dieses Bild des Apostels Paulus werde ich jetzt noch um ein paar Nuancen erweitern, indem wir gemeinsam einen Text aus dem ersten Johannes-Brief anschauen. Ich zitiere dazu 1. Johannes 5,1-5:

> *"Wer glaubt, dass Jesus der Christus ist, der ist von Gott geboren; und wer den liebt, der ihn geboren hat, der liebt auch den, der von ihm geboren ist. 2 Daran erkennen wir, dass wir Gottes Kinder lieben, wenn wir Gott lieben und seine Gebote halten. 3 Denn das ist die Liebe zu Gott, dass wir seine Gebote halten; und seine Gebote sind nicht schwer. 4 Denn alles, was von Gott geboren ist, überwindet die Welt; und unser Glaube ist der Sieg, der die Welt überwunden hat. 5 Wer ist es aber, der die Welt überwindet, wenn nicht der, der glaubt, dass Jesus Gottes Sohn ist?"*

Es geht also um einen *„Sieg, der die Welt überwunden hat"*. Das erinnert mich an die Worte, die Jesus einmal gesagt hat:
„In der Welt habt ihr Angst; aber seid getrost, ich habe die Welt überwunden" *(Johannes 16,33)*. Und damit wird unmissverständlich deutlich,

wem wir diesen Sieg zu verdanken haben: Jesus Christus! Wenn wir bei dem Bild von Wettkämpfen bleiben wollen: Jesus Christus ist der Trainer, der Manager und der Spielführer. Wenn wir an Johannes 14,9 denken, dann sehen wir in ihm auch den Vorstand des Vereins. Dort sagte Jesus: *„Wer mich sieht, der sieht den Vater!"* Damit hat letztlich Gott diesen Sieg ermöglicht.

Das ist kein Sieg, den man Ihnen wieder nehmen kann, wie es im Sport der Fall sein kann. Wenn ich z.B. an die Dopingaffäre von Lance Armstrong denke, der zwischen 1999 und 2005 sieben Tour-de-France-Siege im Radsport einfahren konnte. Doch dies alles, weil er Doping-Mittel verwendet hatte, mit denen er alle anderen um ihren Sieg betrog. Diese Siege wurden ihm alle wieder aberkannt, weil sie illegal waren. Das kann Ihnen mit dem Sieg Jesu nicht passieren, auch wenn manche sagen dass dies mit dem Kreuz doch alles aufgebauscht ist, dass Jesus nicht wirklich gestorben und auferstanden sei. Das sind alles nur Versuche, diesen grandiosen Sieg Jesu ungültig zu machen.

Doch es ist in fast 2000 Jahren Kirchengeschichte nicht gelungen, diesen Sieg ungültig zu machen. Es gibt keinen Zweifel: Christen sind Sieger, weil Jesus gesiegt hat. Darüber müssen wir also nicht mehr reden. Aber ich möchte gerne mit Ihnen darüber reden, was diesen Sieg ausmacht und welchen Anteil wir als Christen daran haben.

In unserem Text aus dem ersten Johannes-Brief habe ich drei Beschreibungen gefunden, die ich als Anteilnahme eines Christen am Sieg Jesu bezeichnen möchte: 1. Wer glaubt, der liebt - 2. Wer liebt, der gehorcht - 3. Wer gehorcht, der siegt. Und diese drei Beschreibungen werden wir uns jetzt einmal anschauen:

1. Wer glaubt, der liebt

Kap. 5,1: *„Wer glaubt, dass Jesus der Christus ist, der ist von Gott geboren; und wer den liebt, der ihn geboren hat, der liebt auch den, der von ihm geboren ist."*

Johannes will sagen: Wer glaubt, der liebt. Und zwar nicht nur Gott, den Vater im Himmel, sondern auch die, die aus Gott geboren sind. Also auch alle anderen Christen. Das ist für manche schon die erste Herausforderung, wenn ihnen der eine oder andere Christ einfällt, mit dem sie in einer Gemeinde zusammen sind. Spannend finde ich an diesem ganzen Abschnitt, dass Johannes uns nicht auffordert, irgendetwas zu tun. Er stellt seine Aussagen einfach so in den Raum. Wie selbstverständlich: Wer glaubt, der liebt. Das ist für ihn klar. Warum? Weil er weiß, was Glaube an Jesus bedeutet.

In Hebräer 11,1 heißt es dazu: *„Es ist aber der Glaube eine feste Zuversicht auf das, was man hofft, und ein Nichtzweifeln an dem, was man nicht sieht"*. Viele Menschen auf dieser Welt leben zwischen Hoffen und Bangen: „Hoffentlich reicht mein Geld. Hoffentlich bleibe ich gesund. Hoffentlich behalte ich meinen Arbeitsplatz. Usw. Usw." Das ist völlig anders, wenn Sie an Jesus Christus glauben. Dann leben Sie nicht zwischen Hoffen und Bangen, sondern mit einem Glauben, der eine feste Zuversicht ist und der keinen Zweifel zulässt, auch wenn Sie vieles noch nicht sehen. Worauf gründet sich diese Gewissheit? Sie gründet auf den Zusagen Gottes an seine Kinder. Ich zitiere einmal vier dieser Zusagen, die sowohl aus dem Alten als auch aus dem Neuen Testament der Bibel stammen:

Joel 3,5: *„Wer des Herrn Namen anrufen wird, der soll errettet werden"*.

Psalm 34,11: *„Die den Herrn suchen haben keinen Mangel an irgendeinem Gut"*.

Römer 8,28: *„Wir wissen aber, dass denen, die Gott lieben, alle Dinge zum Besten dienen"*.

Psalm 23,1: *„Der HERR ist mein Hirte, mir wird nichts mangeln"*.

Wenn ich solche Worte höre, dann wird mir ganz warm ums Herz. Wenn ich solche wunderbaren Zusagen Gottes höre, dann verändert sich in mir etwas. Wenn ich an die Zeit zurückdenke, als ich in den Jahren 2014-2015 für 16 Monate arbeitslos war, dann waren es solche Worte, die mich durchgetragen haben.

Wissen Sie, es gab Zeiten in meinem Leben, da habe ich fast davon geträumt, einmal arbeitslos zu sein. Denn da bekommt man vom Arbeitsamt einfach so Geld überwiesen, und hat die ganze Zeit Urlaub. Alles wäre dann herrlich angenehm. Pustekuchen! Ja, ich bekam von der Agentur für Arbeit Geld überwiesen, aber viel weniger als ich bisher verdient hatte. Das heißt, es reichte hinten und vorne nicht. Ja, ich hatte die ganze Zeit frei, aber wer will das schon? Mit der Zeit fällt dir dabei die Decke auf den Kopf. Und wenn man bei allen Bewerbungen nur Absagen bekommt, dann ist dies nicht dazu geeignet, den Selbstwert in schwindelnde Höhen zu treiben.

Da hinein sagte Jesus dann zu mir: „Ich werde dafür sorgen, dass alle diese Umstände sich so erweisen, dass sie nützlich sind für dich und dein Leben! Ich bin dein Hirte und werde es dir an nichts mangeln lassen!" Das lief herunter wie Öl und war so mächtig, dass es meinem Herzen Frieden gegeben hat. Ich hatte keine einzige schlaflose Nacht, obwohl wir existentiell stark bedroht waren. Die private Insolvenz hing über uns wie das Schwert des Damokles in der griechischen Sage. Doch Jesus schenkte diese feste Zuversicht in sein Wort. Ein Wissen, bei dem man Worte wie „Garantie" in den Mund nehmen darf, eine Sache ohne jeglichen Zweifel. Und das gilt, auch wenn in dieser Zeit der Zweifel manchmal in mir hochgekrochen ist. Das gilt, auch wenn mein Herz manchmal unruhig wurde und Zukunftsängste in mir hochkamen.

Letzten Endes hat der Glaube immer wieder gesiegt, weil es nicht nur eine Art ist, wie Sie denken können, sondern weil sich dieser Glaube an einer Person festmacht, die über jeden Zweifel erhaben ist: Jesus Christus. Deshalb schreibt Johannes hier: *„Wer glaubt, dass Jesus der Christus ist..."* Der Gesalbte Gottes. Der Messias Gottes. Der von Gott eingesetzte König zur Rettung der Menschheit. Wer daran keinen Zweifel hegt und nichts von der allumfassenden Sendung und dem Absolutheitsanspruch Jesu leugnet, der ist aus Gott geboren, der ist in eine neue Lebens- und Liebesgemeinschaft hineingeboren worden, der gehört zur Familie Gottes!

Daraus folgt für Johannes dieses Verhalten, das für ihn so selbstverständlich ist. Wer so glaubt, der liebt auch jeden anderen aus dieser Familie. Wie ist denn das in unseren irdischen Familien? Haben wir uns da auch alle wirklich lieb? Ich glaube „Ja", wenn die Familie intakt ist. Und doch hat sich der eine mal mit dem anderen in der Wolle.

Ich denke z.B. an ein Erlebnis mit unseren Kindern, das ich als Kind selbst auch erlebt habe. Es gab da eine Verbindungstüre zwischen zwei Räumen, die eine große Glasscheibe hatte. Eines Tages sind sich zwei unserer Kinder nicht wirklich grün gewesen. Dabei wurden Worte gewechselt, die man am besten zensiert. Und es wurden auch gewisse Zärtlichkeiten ausgetauscht, die schließlich dazu führten, dass eines der beiden rücklings durch die Glasscheibe wandern durfte. Die andere war eben stärker! Normalerweise müsste man denken, dass dies einen Schaden in der Beziehung zur Folge hat, der für ein ganzes Leben ausreichen würde. Dann kommen Sie aber zwei Stunden später ins Kinderzimmer, und finden die beiden wieder traut vereint zusammen spielen, als wäre nichts gewesen. Sie lieben sich eben, auch wenn es manchmal nicht so aussieht.

Vielleicht hatte der Apostel Johannes dieses Bild vor Augen als er an dieser Stelle über die Familie Gottes schrieb. Schon der Volksmund sagt ja: „Dort wo Menschen sind, da menschelt es." Will heißen: Wo Menschen sind, kommen sie nicht immer gut miteinander aus. Dass dies so ist, entnehme ich z.B. der Aussage des Paulus, die er in seinem Brief an die Christen in Rom macht (Römer 12,18): *„Ist's möglich, soviel an euch liegt, so habt mit allen Menschen Frieden".* Das klingt für mich nicht nach Friede-Freude-Eierkuchen in jeder Lebenslage. Aber es zeigt ein generelles Ziel an: Frieden mit Menschen.

Und wie kann der zustande kommen? Wie können wir diese selbstverständliche Liebe leben, von der Johannes hier spricht? Die Grundlage dafür lesen wir in 1. Johannes 4,19: *„Lasst uns lieben, denn er hat uns zuerst geliebt".* Beide Male steht für „lieben" das griechische Wort „agapä", die von Gott inspirierte Liebe. Wenn wir versuchen müssten, jedes Mitglied aus der Familie Gottes zu lieben, dann könnten wir nur noch resigniert die Backen aufpusten: Nein, das wäre eine unmögliche Aufgabe für uns: mission impossible! Aber wir wurden zuerst geliebt, das ist wichtig!

Wenn Sie also nicht lieben können, dann liegt das nicht daran, dass Sie zur Liebe nicht fähig wären, völliger Unsinn. Denn das würde dazu führen, dass Sie noch mehr versuchen müssten, zu lieben, was die Verkrampfung in Ihrem Liebesorgan - dem Herzen - nur noch verstärken würde. Nein, wenn Sie andere Menschen nicht lieben können, dann liegt es vermutlich daran, dass Sie noch nicht wirklich realisiert haben, wie sehr Sie selbst geliebt sind.

Jesus selbst hat einmal gesagt (Lukas 7,47): *„Wem [...] wenig vergeben wird, der liebt wenig".* Gott hat seine Liebe zu uns in unnachahmlicher Weise gezeigt, indem er seinen Sohn für uns dahingegeben hat. Jesus selbst hat seine einmalig große Liebe zu uns gezeigt, indem er sich nicht zu schade war, vom Himmel auf die Erde zu kommen. Und indem er seinen Leib den Schlächtern hingehalten und sein Blut vergossen hat. Das müssen wir gar nicht weiter vertiefen. Wichtig ist: Diese unglaubliche und auch unnachahmliche Liebe Jesu gilt jedem Einzelnen von Ihnen. Sie sind von Jesus geliebt und haben sein Wohlgefallen!

Ganz in dem Sinne, wie es Jesus selbst von seinem Vater gehört hat (Markus 1,11): *„Du bist mein lieber Sohn, an dir habe ich Wohlgefallen".* Du bist meine liebe Tochter... Du bist mein lieber Sohn... An dir habe ich Wohlgefallen! Wenn das nicht so wäre, hätte Jesus sich nicht geopfert. Wenn das nicht so wäre, hätte er Sie einfach links liegen lassen und Sie säßen jetzt nicht da, um diese Worte zu lesen. Glauben Sie es: Sie sind absolut uneingeschränkt von Jesus geliebt!

Auch wenn es Ihnen mal wieder schwer fällt, die Menschen in der Familie Gottes zu lieben, einfach gern zu haben. Man muss ja nicht jedem gleich um den Hals fallen können! Aber gern haben, achten, respektieren und ehren gehört schon dazu. Wenn Ihnen das schwer fällt, dann meditieren Sie über dieser unglaublichen Liebe Jesu. Ich denke, das wird dazu geeignet sein, Ihr Herz so zu erweichen, dass Sie sich von Gott dazu inspirieren lassen können, andere zu lieben. Denn wer glaubt, der liebt!

2. Wer liebt, der gehorcht

Kap. 5,2-3: *„Daran erkennen wir, dass wir Gottes Kinder lieben, wenn wir Gott lieben und seine Gebote halten. 3 Denn das ist die Liebe zu Gott, dass wir seine Gebote halten; und seine Gebote sind nicht schwer."*

Von dem österreichischen Religions-Philosoph, Martin Buber, stammt folgender Satz: „Alles wirkliche Leben ist Begegnung"[8]. Daran muss ich denken, wenn ich hier lese: *„Daran erkennen wir"*. Denn dieses erkennen (griechisch: ginosko) können Sie nicht leben, ohne eine Beziehung zu dem zu haben, was Sie gerade erkennen. Sie lieben Gott? Das geht nicht ohne Beziehung zu ihm. Sie halten die Gebote? Das geht nicht ohne Begegnung mit dem Wort Gottes und Beziehung zu dem, der diese Worte gesprochen hat.

---

[8] Buber, Martin: Ich und Du, in: Das Dialogische Prinzip, Verlag Lambert Schneider, Heidelberg [4]1979.

Ohne diese Voraussetzung ist es nicht möglich, als Christ in dieser Welt zu leben. Mir hat man in meinen jungen Jahren als Christ beibringen wollen, dass es auch anders geht. Damals habe ich in vielen Bibelarbeiten und Predigten gehört, dass man an Jesus Christus glauben muss. OK, so weit gut. Und, dass man die Bibel lesen soll. OK, so weit gut. Und, dass man nur befolgen müsste, was in der Bibel geschrieben steht, um in den Himmel zu kommen. Ab da wurde es problematisch!

Vielleicht beschleicht manchen von Ihnen auch ein mulmiges Gefühl, wenn Sie hier gesagt bekommen, dass es leicht sein soll, die Gebote Gottes zu halten, weil sie gar nicht schwer seien. Doch dann schauen Sie auf die Erfahrungen in Ihrem Leben und Glauben und stellen fest, dass eher das genaue Gegenteil der Fall gewesen ist.

Für mich war es immer ein Kampf, die Gebote Gottes einzuhalten und den Gesetzen des Lebens als Christ zu folgen. Genau da ist auch der Knackpunkt, der in meinem Leben eines Tages zur Wende geführt hat. Ich bin bis zu einem bestimmten Punkt in meinem Leben einfach den Gesetzen des Lebens als Christ nachgefolgt.

Wenn aber Martin Buber recht hat und alles wirkliche Leben eine Begegnung ist, dann passierte genau hier der Fehler: Ich war zwei Gesetzestafeln und vielen Vorschriften nachgefolgt, aber ohne eine Beziehung mit Jesus zu haben, der gesagt hat (Johannes 15,5): *„...denn ohne mich könnt ihr nichts tun"*. Es braucht diese Beziehung zu Jesus, denn ohne ihn bringe ich nichts auf die Reihe. Wenn ich aber in enger Beziehung mit Jesus lebe, kann ich seine Gebote leicht einhalten, denn er hat gesagt (Matthäus 5,17): *„Ihr sollt nicht meinen, dass ich gekommen bin, das Gesetz oder die Propheten aufzulösen; ich bin nicht gekommen aufzulösen, sondern zu erfüllen"*.

Wissen Sie, auch darum sind Sie als Christ ein Sieger, weil Sie es mit Jesus zu tun haben, der all das schon erfüllt hat, was jemals an Aufgaben auf Sie zukommen könnte. Ist das nicht herrlich? Ich finde das alles sehr entspannend. Wenn ich an meine Zeit vor dieser Erkenntnis denke, wird mir ganz anders. Denn jedes Mal, wenn von Geboten oder Gesetzen Gottes die Rede war, habe ich das Genick eingezogen, weil ich genau wusste, dass ich es nie schaffen werde. Und dann gibt es noch so Leute wie diesen Apostel Johannes, die das Einhalten von Geboten auch noch als ein Zeichen der Liebe zu Gott ausrufen. Wie sollte ich jemals meine Liebe zu Gott zeigen können, wenn ich jedes Mal an diesen Geboten scheiterte und sie im Grunde auch gar nicht mochte?

Liebe deine Mutter und deinen Vater. Schaue eine andere Frau nicht so genau an. Liebe deine Feinde. Halte nicht nur die linke, sondern auch die rechte Wange hin. Sei großzügig. Gib deinen Zehnten. Hüte dich vor Fressattacken. Lass keine Abhängigkeiten und Süchte zu. usw. Dazu lese ich hier bei Johannes: Wer liebt, der gehorcht. Das heißt doch im Umkehrschluss: Wer nicht gehorcht, der liebt auch nicht. Und schon stand ich da, mit nassen Socken, keine Chance auf Liebe, weder zu Gott noch zu den Menschen, weil ich es nicht aus eigener Kraft geschafft habe, die Gebote Gottes zu halten.

Was mir fehlte, war dieses übernatürliche „erkennen". Das geht in genau die gleiche Richtung wie bei der Liebe zu anderen Menschen, von der ich eben gesprochen habe. Ich kann weder Gottes Gebote halten, noch andere Menschen lieben, solange mein Herz nicht verstanden hat, dass ich von Gott heiß und innig geliebt bin!

Deshalb baut die Anteilnahme am Sieg Jesu auch aufeinander auf: Wer glaubt, der liebt. Wer sich darüber im Klaren ist, was Jesus für ihn getan hat und in welch einer wunderbaren Beziehung er zu Jesus steht, der liebt Gott und andere Menschen. Wer glaubt, der liebt. Und wer so liebt, der kann dann auch gehorchen. Und:

3. Wer gehorcht, der siegt

Kap. 5,4-5: *„Denn alles, was von Gott geboren ist, überwindet die Welt; und unser Glaube ist der Sieg, der die Welt überwunden hat. 5 Wer ist es aber, der die Welt überwindet, wenn nicht der, der glaubt, dass Jesus Gottes Sohn ist?"*

Ich versuche einmal, Ihr Sprachgefühl etwas herauszufordern, indem ich den ersten Satzteil auf zwei verschiedene Weisen aufschreibe:

(1) Denn *alle, die* von Gott geboren sind, überwinden die Welt.

(2) „Denn *alles, was* von Gott geboren ist, überwindet die Welt!"

Was regt sich da in Ihnen? Sie brauchen nicht zu antworten. Einfach nur fühlen. Was regt sich da in Ihnen? Es ist eine leichte, aber alles entscheidende Akzentverschiebung. Wenn alle, die von Gott geboren sind, diese Welt überwinden könnten, dann käme es wieder nur auf uns Menschen an. Darum kann es aber nicht gehen, was die bisherigen Ausführungen schon hinlänglich beleuchtet haben. Wir Menschen bringen ohne Jesus nichts wirklich Nachhaltiges zustande. Das hat die Welt- und Kirchengeschichte zu Genüge bewiesen.

Und darum heißt es hier: *„Denn alles, was von Gott geboren ist, überwindet die Welt!"* Weil es um Gott geht, der hinter allem steht. Und das schließt sich nahtlos an das an, was ich vorhin schon einmal zitiert habe (Johannes 16,33): *„In der Welt habt ihr Angst; aber seid getrost, ich habe die Welt überwunden"*. Das hat Jesus von sich gesagt, zu den Menschen, die eher Angst haben, als von sich aus überwinden zu können.

„Und unser Glaube ist der Sieg, der die Welt überwunden hat!" Wessen Glaube? Unser Glaube. Wieder sind wir es nicht selbst, die etwas für den Sieg tun können. „Aber ich kann doch glauben!", sagen Sie vielleicht. „Können Sie wirklich?", frage ich zurück. Jesus sagt: *„...ohne mich könnt ihr nichts tun!"*

„Wer ist es aber, der die Welt überwindet, wenn nicht der, der glaubt, dass Jesus Gottes Sohn ist?" Glaube ist nicht die Voraussetzung für den Sieg eines Christen, als könnten Sie mit Glauben irgendetwas bewirken. Aber der Glaube ist das Mittel zum Sieg, der die Welt überwindet bzw. der die Welt schon überwunden hat. Ich nenne Ihnen ein Beispiel dafür:

Es war im März 2015, gegen Ende meiner Arbeitslosigkeit. Angelika und ich wussten, dass wir von der Agentur für Arbeit nur noch bis Mai Geld bekommen würden. Danach wäre es vorbei mit den Zahlungen. Wir beide wussten auch, dass wir in der Zeit keinerlei Signale von Gott erhalten hatten, etwas Neues in Sachen Bewerbung oder Stellensuche zu unternehmen. Vielleicht können Sie sich vorstellen, wie uns zumute war. Und das Heer an Beratern, die uns dazu aufforderten, doch etwas zu tun, wollte nicht kleiner werden.

Es war, menschlich gesehen, dumm, was wir taten. Einfach nur auf Gott zu warten. Aber, kann man zu lange auf Gott warten? Wir beschlossen, uns erst dann zu bewegen, wenn sich auch Gott bewegen würde. Wie damals beim Volk Israel in der Wüste, als sich das Volk erst dann bewegte, wenn sich die Wolken- oder Feuersäule, sprich Gott selbst, auf den Weg machte. Die Welt sagt: „Tue etwas! Du musst etwas unternehmen! Du kannst nicht tatenlos zusehen!" Der Glaube, der die Welt überwunden hat, sagt: „Ich muss warten, bis ich ein Signal von Gott erhalte, um in die Richtung zu gehen, in die Gott mich bringen möchte."

Das dürfen Sie nicht falsch verstehen, damit rede ich nicht der Faulheit das Wort. Und ich sage auch nicht, dass man tatenlos rumstehen müsste, nur weil man an Jesus Christus glaubt. Ganz und gar nicht. Aber ich sage, dass die Welt nicht immer recht hat, wenn sie uns dazu auffordert, einfach nur etwas zu tun, ohne die Gewissheit, dass Gott auch wirklich dahinter steht.

Uns hat dieser Glaube schließlich in die Selbständigkeit geführt. Sie können gerne für sich selbst darüber nachdenken, was für Sie ein Glaube bedeutet, der die Welt überwunden hat. Das können sehr spannende Momente und zukünftig auch sehr spannende Zeiten werden, glauben Sie mir!

Doch Sie werden immer in der Erkenntnis leben können, dass Sie als Christ im Sieg Ihres Herrn, Jesus Christus leben. Denn wer glaubt, der liebt. Wer liebt, der gehorcht. Und wer gehorcht, der siegt. Denn *„unser Glaube ist der Sieg, der die Welt überwunden hat!"*

Die Kraft des Gebets

(1. Johannes 5,14-17)

Ich möchte mit Ihnen in dieses Thema mit zwei kurzen Geschichten einsteigen, die von der Kraft des Gebets handeln. Eine Begebenheit spielte sich im Juli 2015 ab. Ich war zum Predigtdienst in einer Gemeinde. Im Anschluss an den Gottesdienst kam eine Frau mittleren Alters zu mir und bat mich, für sie zu beten. Sie hatte in der Woche darauf eine Prüfung vor sich, die es ihr ermöglichen würde, beruflich voranzukommen. Sie sagte mir, dass sie nichts von dem Stoff behalten könnte. Sie würde mit ihrem momentanen Wissen einfach durchfallen. Also beteten wir um die Weisheit Gottes und das nötige Wissen für die Prüfung.

Als ich sie später wieder einmal traf, sagte sie mir, dass bei der Prüfung normalerweise über die Hälfte der Prüflinge durchfallen würde. Aber sie hätte die Prüfung geschafft. Als sie die Prüfungsfragen vor sich hatte, konnte sie einfach Antworten schreiben und bei dem mündlichen Teil Rede und Antwort stehen. Das war phänomenal!

Solche Geschichten hören wir gerne. Es sind Erfolgsgeschichten, die in uns Menschen etwas zum Klingen bringen. Ganz in dem Sinne, wie Jesus gesagt hat (Johannes 16,24): *„Bittet, so werdet ihr nehmen, dass eure Freude vollkommen sei".* Oder Salomo in Sprüche 13,12: *„wenn [...] kommt, was man begehrt, das ist ein Baum des Lebens".*

Noch eine Geschichte von mir: Sie spielte sich im November 2015 ab. Mir war die Tage zuvor einfach wichtig geworden, täglich in der Gnade und Gunst bei Gott und den Menschen zunehmen zu können. Ganz so, wie es von Jesus heißt (Lukas 2,52): *„Und Jesus nahm zu an Weisheit, Alter und Gnade bei Gott und den Menschen".* Das war mir einfach so wichtig geworden, dass ich regelmäßig mit Gott darüber geredet habe. An dem besagten Tag hatte ich einen Termin beim Zahnarzt. Das heißt normalerweise, dass man Zeit mitbringen muss, um sich alle Bilder im Wartezimmer in Ruhe anschauen zu können, die an der Wand hängen. Ich ging also in diese Zahnarzt-Praxis und wurde dort herzlich begrüßt. Ich hing meine Jacke in die Garderobe und ging auf

Die Kraft des Gebets

den Tresen zu, hinter dem zwei Damen saßen, die mit der Organisation der Praxis betraut waren. Dort angekommen, nahmen sie mir mein Krankenkärtchen und das Bonus-Heft ab und wollten mich ins Wartezimmer schicken. Da kam von hinten eine der Mitarbeiterinnen an und sagte unvermittelt: „Den Herrn Zöllner nehme ich gleich mit in ein Behandlungszimmer". Das ist einem dann schon fast peinlich, wenn noch Menschen im Wartezimmer sitzen. Auf jeden Fall war ich „all inclusive" nach ca. 30 Minuten wieder aus der Praxis. Bei der Verabschiedung meinte eine der Damen hinter dem Tresen: „Na, Herr Zöllner, das war jetzt aber kurz und schmerzlos!" Ich sage darauf nur: „So mögen wir es doch haben!" und verabschiedete mich. Hatte dies jetzt etwas mit Gebet zu tun? Natürlich! Es ging um die Gnade und Gunst bei Gott und den Menschen.

An diesem Tag hatte ich sie mit Sicherheit, sonst wäre ich vielleicht eine Stunde oder länger in der Praxis gewesen. So war es noch mitten am Nachmittag und ich hatte die Zeit, mit meiner Angelika ein Tässchen Kaffee zu trinken. Eine schöne Erinnerung daran, wie schön die Gunst Gottes bei den Menschen sein kann.

Das ist die Kraft des Gebets, über die ich hier schreiben möchte. Wobei ich dazu sagen muss, dass nicht alle Gebete in meinem Leben so zeitnah und schön erhört wurden. Es gibt Gebete, die bis heute nicht erhört wurden. Aber diese Beispiele sind ein starkes Zeichen für mich, dass Gott zu dem steht, was er in der Bibel über das Gebet gesagt hat. Und das schauen wir uns jetzt etwas genauer an. Dazu zitiere ich einen Bibeltext aus 1. Johannes 5,14-17:

> *„Und das ist die Zuversicht, die wir haben zu Gott: Wenn wir um etwas bitten nach seinem Willen, so hört er uns. 15 Und wenn wir wissen, dass er uns hört, worum wir auch bitten, so wissen wir, dass wir erhalten, was wir von ihm erbeten haben. 16 Wenn jemand seinen Bruder sündigen sieht, eine Sünde nicht zum Tode, so mag er bitten und Gott wird ihm das Leben geben - denen, die nicht sündigen zum Tode. Es gibt aber eine Sünde zum Tode; bei der sage ich nicht, dass jemand bitten soll. 17 Jede Ungerechtigkeit ist Sünde; aber es gibt Sünde nicht zum Tode."*

Die Kraft des Gebets. Kennen Sie diese Kraft? Im Jahr 2005 gab es in Amerika eine Studie unter 800 Pastoren, die zu ihrem Gebetsleben befragt wurden[9]. Laut dieser Studie sind nur 16 Prozent dieser Pastoren mit ihrem Gebetsleben »sehr zufrieden«. Aber ganze 84 Prozent waren der Meinung, ihr Gebetsleben müsse sich unbedingt verbessern. Daraus schließe ich einfach Mal, dass es sicher unzählige Menschen gibt, die - genau wie diese Pastoren - mit ihrem Gebetsleben alles andere als zufrieden sind. Ich nehme an, dass dies bei manchen Menschen auch daran liegt, dass sie die Kraft des Gebets für sich noch nicht erlebt haben.

Umso besser, dass Johannes in seinem Brief dieses Thema anschneidet, und es uns damit praktisch auf dem Silbertablett serviert. Wir brauchen es nur noch in uns aufzunehmen, was wir jetzt auch tun werden. Dr. Martin Luther stellt in seinem Katechismus zum Thema „Gebet" folgende Frage: „Was ist Gebet?" Und er gibt auch die Antwort dazu: „Das Gebet ist ein Reden des Herzens mit Gott; in Bitte und Fürbitte, Dank und Anbetung". Ohne jetzt gleich auf die einzelnen Bereiche des Gebets eingehen zu wollen - das ist gar nicht unser Thema - hat mich sehr angesprochen, dass Luther des Gebet als „ein Reden des Herzens mit Gott" beschreibt.

Ich glaube, dass darin die größte Kraft des Gebets verborgen ist, neben den Merkmalen, die uns in unserem Text aus dem Johannes-Brief vor Augen geführt werden. Behalten Sie deshalb bitte dies im Hinterkopf, wenn wir uns jetzt drei Merkmale für die Kraft des Gebets anschauen werden: Gebet ist immer „ein Reden des Herzens mit Gott"!

1. Merkmal: Die Kraft des Gebets baut auf Zuversicht

Kap. 5,14+16-17: *„Und das ist die Zuversicht, die wir haben zu Gott: Wenn wir um etwas bitten nach seinem Willen, so hört er uns. [...] 16 Wenn jemand seinen Bruder sündigen sieht, eine Sünde nicht zum Tode, so mag er bitten und Gott wird ihm das Leben geben - denen, die nicht sündigen zum Tode. Es gibt aber eine Sünde zum Tode; bei der sage ich nicht, dass jemand bitten soll. 17 Jede Ungerechtigkeit ist Sünde; aber es gibt Sünde nicht zum Tode."*

---

[9] Meyer, Joyce: Die Kraft einfachen Gebets, Hamburg 2011, 13.

Die Kraft des Gebets

Sind Sie ein zuversichtlicher Mensch? Ich vermute mehr als Sie selbst glauben. Lassen Sie mich Ihnen ein wenig helfen: Heute Morgen haben Sie sich ganz sicher mit viel Zuversicht an den Frühstückstisch gesetzt. Natürlich! Oder haben Sie sich die Frage gestellt, ob der Stuhl Sie auch tragen wird, auf den Sie sich setzen wollten? Ich denke, die wenigsten haben dies. Also haben Sie sich mit der Zuversicht an den Frühstückstisch gesetzt, dass der Stuhl Sie trägt. Ich gebe zu, dass dies sicher kein bewusster Vorgang war, aber Sie können dennoch nicht sagen, er habe nicht stattgefunden.

Nun überlegen Sie sich, wie viele solcher Gelegenheiten Sie den Tag und die Woche hindurch haben, in denen Sie mit unbewusster Zuversicht durch Ihr menschliches Leben gehen; und Sie werden feststellen, dass Sie im Grunde ein zuversichtlicher Mensch sind. Können Sie nun mit der gleichen Zuversicht zu Gott kommen? Oh Ja, Sie können es! Und auch hier werde ich Ihnen ein wenig helfen. Dabei gehen wir von der Aussage aus, die Jesus in Johannes 15,5 gemacht hat: *„...denn ohne mich könnt ihr nichts tun!"* Und „nichts" bedeutet auch im Deutschen: NICHTS! Nun überlegen Sie sich, wie oft Sie heute z.B. ein- oder ausgeatmet haben. Dabei hat Jesus Ihnen geholfen. Oder fangen wir wieder am Morgen an. Sind Sie heute Morgen aufgestanden? Natürlich, sonst säßen Sie jetzt nicht auf Ihrem Platz. Wie oft sind Sie von A losgegangen und in B angekommen? Wie viele Erfolge haben Sie in Ihrem Leben gehabt und mit wie vielen Misserfolgen sind Sie fertig geworden?

Sie können gerne noch dies oder jenes aufzählen, was in Ihrem Leben stündlich, täglich, wöchentlich oder monatlich so alles geschieht. Und bei allem ist Jesus dabei und hilft Ihnen, weil Sie ohne Ihn nichts tun können. Das Wissen um diese Tatsache allein wäre doch schon ein guter Grund, mit Zuversicht zu Gott zu kommen, oder? Doch lassen Sie mich noch ein wenig an Ihrer Zuversicht arbeiten, indem ich Ihnen ein paar biblische Beispiele nenne, die dafür stehen, dass die Zuversicht von Menschen einfach dadurch belohnt wurde, dass sie von Gott gehört und erhört wurden.

Zuerst eine Geschichte von Rahel, der zweiten Frau des Jakob. Lange Zeit konnte sie keine Kinder bekommen. Ein übler Zustand in damaliger Zeit. Frauen, die nicht gebären konnten, waren alles andere als angesehen. Es war fast schon eine Schande, keine Kinder zu bekommen. Dementsprechend intensiv wird sich Rahel wohl auch mit Gott unterhalten haben, bis es in 1. Mose 30,6 heißt: *"Da sprach Rahel: Gott hat mir Recht verschafft und mich erhört und mir einen Sohn gegeben."*

Aus Jakob und seinen Nachkommen wurde schließlich das Volk Israel, das von Josef nach Ägypten geholt wurde, um dort in der Hungersnot zu überleben, die zur Zeit Jakobs über das Land hereingebrochen war. Als das Volk immer weiter wuchs, bekamen es die Ägypter mit der Angst zu tun und versklavten das Volk Israel. Und das ein paar hundert Jahre lang. Sie können sich denken, dass die Israeliten dem Gott Abrahams, Isaaks und Jakobs damit lange Zeit in den Ohren lagen, bis wir schließlich in 4. Mose 20,16 nachlesen können: *"Und wir schrien zu dem HERRN; der hat unsere Stimme gehört und einen Engel gesandt und uns aus Ägypten geführt."*

Und jetzt noch zwei Geschichten aus dem Neuen Testament der Bibel: In der einen geht es wieder um eine Frau, die keine Kinder gebären konnte. Sie hieß Elisabeth. Das war ein großes Leid für die Eheleute, zumal Zacharias noch zu den Priestern gehörte, die im Tempel ihren Dienst versehen haben. Also: unfruchtbar im Dienste Gottes. Das ist nicht motivierend! Aber die beiden haben sich wohl mit ihrem Leid an die richtige Stelle gewandt, denn in Lukas 1,13 können wir nachlesen: *"Aber der Engel sprach zu ihm: Fürchte dich nicht, Zacharias, denn dein Gebet ist erhört, und deine Frau Elisabeth wird dir einen Sohn gebären, und du sollst ihm den Namen Johannes geben"*. Also wurde auch dieses Gebet der Eheleute von Gott erhört. Was muss das für eine Freude und Entlastung in diesem Haus gewesen sein. Dieser Johannes war ein besonderer Mensch mit besonderem Auftrag. Er ging als Johannes der Täufer in die Geschichtsbücher ein, und damit praktisch als Vorläufer von Jesus Christus!

Und schließlich noch eine Geschichte von einem Mann aus Cäsarea Philippi. Einer Gegend, die zur Zeit der ersten christlichen Gemeinden noch zum tiefsten Heidenland gehörte. Das waren Gebiete, die die Juden nur in Notwehr betreten haben, und schon gar nicht die Häuser dieser Menschen, die nicht zum Volk Israel gehörten. Juden machten sich dadurch unrein. Doch da gab es einen Mann namens Kornelius, der ein gottesfürchtiger Mensch war, und der seinem Gott wohl auch in den Ohren gelegen hatte, weil er die Rettung für sich und sein ganzes

Die Kraft des Gebets

Haus erleben wollte. Das führte dazu, dass Gott ganz besondere Maßnahmen ergriffen hat, die den streng jüdisch gläubigen Petrus dazu gebracht haben, nicht nur nach Cäsarea zu gehen, sondern auch in das Haus dieses Kornelius. Diese spannende Geschichte können sie in Apostelgeschichte 10 nachlesen. In Vers 31 kommt es dann zu folgender Aussage des Petrus: *„Kornelius, dein Gebet ist erhört und deiner Almosen ist gedacht worden vor Gott".* Und so kamen dieser Kornelius und sein ganzes Haus zum Glauben an Jesus und wurden nicht nur in Wasser, sondern auch in Heiligem Geist getauft. Was für ein Ereignis in der damaligen Zeit!

„Sind Sie ein zuversichtlicher Mensch?", hatte ich Sie vorhin gefragt. Nach den persönlichen und biblischen Beispielen könnten Sie eigentlich aus voller Überzeugung mit „Ja" antworten. Lassen Sie sich dabei nicht von den Ausführungen des Johannes verunsichern, bei denen er von der „Sünde zum Tode" schreibt. Damit ist die Sünde gegen den Heiligen Geist gemeint, die aber nur der Mensch begeht, der sich ganz bewusst, mit seinem ganzen Leben, seinem Handeln und Tun voll und ganz von Gott abwendet und sein Leben selbstverantwortlich lebt. Johannes sagt dies an dieser Stelle, um den Irrlehrern der Gemeinde aufzuzeigen, wo ihr Weg hingeht. Sie leugneten, dass Jesus als Gott real in menschliches Leben gekommen ist. Sie behaupteten, dass jede Sünde lediglich zur Vergrößerung ihrer praktischen Erkenntnis dienen würde, weil ihre Wurzel längst ausgerottet sei. Also eine ganz verbogene Ansicht, die das Heils- und Erlösungswerk Jesu letzten Endes mit Füßen tritt.

Deshalb diese Ausführungen zur „Sünde zum Tode". Alle anderen Menschen können füreinander bitten, wenn sie einander sündigen sehen, und es wird ihnen vergeben und sie werden das ewige Leben sehen! Auch das ist eine Aussage, die durchaus geeignet sein kann, Ihre Zuversicht in Gott zu stärken. Stellen Sie sich vor, Sie kämen im Gebet zu Gott, genauso selbstverständlich, wie Sie sich auf einen Stuhl setzen. Sie setzen sich einfach, weil völlig klar ist, dass der Stuhl Sie trägt. Das ist normal. So normal, wie auch Gott Sie trägt, Sie atmen und leben lässt. Es wäre phänomenal, wenn Sie so zu Gott kommen könnten. Die Kraft des Gebets baut auf diese Zuversicht. Eine Zuversicht, die voll Vertrauen ist, dass Gott wirklich da ist, und mit der Sie sich wirklich an ihn wenden können. Und das führt uns zum zweiten Merkmal:

2. Merkmal: Die Kraft des Gebets lebt vom Reden und Hören

Kap. 5,14-15: *„Und das ist die Zuversicht, die wir haben zu Gott: Wenn wir um etwas bitten nach seinem Willen, so hört er uns. 15 Und wenn wir wissen, dass er uns hört, worum wir auch bitten, so wissen wir, dass wir erhalten, was wir von ihm erbeten haben."*

Was für ein Versprechen: Wir bitten und Gott hört uns! Wörtlich übersetzt heißt es sogar: *„so hört er auf uns"*. In unserem Sprachgebrauch sagen wir über manche Menschen: „Der hört auf mich." Wir meinen damit, dass derjenige, der auf mich hört, das tut, was ich sage. Sie denken, das geht zu weit? Falls Sie dem jetzt ein wenig skeptisch gegenüberstehen, dann vielleicht deshalb, weil Sie es in dieser Weise noch nicht erlebt haben? Könnte ja sein. Aber dann lassen Sie mich ein wenig gegen Ihre Skepsis arbeiten, indem ich ein paar Bibelstellen aus dem Neuen Testament der Bibel zitiere, einfach unkommentiert:

Matthäus 7,7-8: *„Bittet, so wird euch gegeben; suchet, so werdet ihr finden; klopft an, so wird euch aufgetan. 8 Denn wer da bittet, der empfängt; und wer da sucht, der findet; und wer da anklopft, dem wird aufgetan."*

Matthäus 18,19: *„Wahrlich, ich sage euch auch: Wenn zwei unter euch eins werden auf Erden, worum sie bitten wollen, so soll es ihnen widerfahren von meinem Vater im Himmel."*

Markus 11,23-24: *„Wahrlich, ich sage euch: Wer zu diesem Berge spräche: Heb dich und wirf dich ins Meer!, und zweifelte nicht in seinem Herzen, sondern glaubte, dass geschehen werde, was er sagt, so wird's ihm geschehen. 24 Darum sage ich euch: Alles, was ihr bittet in eurem Gebet, glaubt nur, dass ihr's empfangt, so wird's euch zuteil werden."*

Johannes 15,7: *„Wenn ihr in mir bleibt und meine Worte in euch bleiben, werdet ihr bitten, was ihr wollt, und es wird euch widerfahren."*

Jakobus 4,2: *„Ihr [...] habt nichts, weil ihr nicht bittet."* Heißt im Umkehrschluss: „Wenn ihr euch durchringt, wirklich zu bitten, dann werdet ihr auch bekommen!"

Das müssen wir zunächst einmal einfach so stehen lassen. Wissen Sie, ich glaube nicht, dass es Ihre Zuversicht größer werden lässt, wenn Sie vorschnell nach Erklärungen suchen dafür, dass einfach nicht ein-

Die Kraft des Gebets

treten will, was Sie über das Gebet in der Bibel gelesen haben. Aber genau das finde ich schwierig, denn wir befinden uns doch in einem Dialog, wenn wir beten. In einem Gespräch, in dem der Mensch mit seinem Gott redet, und in dem Gott mit seinen Menschen redet. Das sagt jedenfalls Jesus (Johannes 10,27-30):

> *„Meine Schafe hören meine Stimme, und ich kenne sie und sie folgen mir; 28 und ich gebe ihnen das ewige Leben, und sie werden nimmermehr umkommen, und niemand wird sie aus meiner Hand reißen. 29 Mein Vater, der mir sie gegeben hat, ist größer als alles, und niemand kann sie aus des Vaters Hand reißen. 30 Ich und der Vater sind eins."*

Ende der 90er Jahre war ich als Pastor einmal als Konfliktschlichter zwischen zwei Frauen unserer Gemeinde gefragt. Ich nenne Sie einmal Rosi und Petra. Nach einem Gesprächsprozess kam es dann zu einem Gespräch unter sechs Augen, bei dem Rosi ein gewisses Einsehen hatte, und sich bei Petra für ihr Verhalten entschuldigte. Als wir auseinandergingen, sagte Petra zu mir: „Das hat Rosi sicher nicht so gemeint, wie sie es gesagt hat!" „Meine Schafe hören meine Stimme!", sagt Jesus. Und dann gehen wir in unseren Alltag und sagen: „Das hat Jesus sicher nicht so gemeint, wie er es gesagt hat."

Waaas? Ich war regelrecht geplättet und habe Petra gesagt, dass sie das unmöglich so sagen könnte. Wie soll es zu Vertrauen kommen, wenn wir unseren Worten keinen Glauben schenken? Wie wollen Sie erleben, dass die Worte der Heiligen Schrift in Ihrem Leben Wirklichkeit werden, wenn Sie ihnen keinen Glauben schenken? Und das unabhängig davon, ob Sie von sich sagen können: „Das habe ich schon erlebt!" oder nicht.

Ein weiser Mann hat einmal gesagt: „Wenn du die Verheißungen Gottes in deinem Leben noch nicht erlebt hast, dann lass die Zeugnisse anderer Menschen als Beweis dafür gelten, dass Gottes Worte wahr sind." Es gibt unzählige Zeugnisse dafür, dass Gott Gebete erhört hat. Warum sollte dann Ihre Erfahrung dazu geeignet sein, diese Zeugnisse zu widerlegen? Die Kraft des Gebets lebt vom Reden und Hören. Wir reden zu Gott und Gott hört auf uns! Das hat er versprochen. Und Gott redet und wir hören auf ihn! Das können Sie hoffentlich von sich sagen.

Wenn Sie Gottes Wort nicht erleben, dann reden Sie mit dem Gott, darüber, der auf Sie hören wird. Zeugnisse dafür, dass Sie auf solche Fragen auch Antworten erhalten werden, gibt es genug. Bleiben Sie dran am Reden und am Hören, denn davon lebt die Kraft des Gebets. Und nun lassen Sie uns noch das dritte Merkmal anschauen:

3. Merkmal: Die Kraft des Gebets wirkt durch Gottes Willen

Kap. 5,14: *„Und das ist die Zuversicht, die wir haben zu Gott: Wenn wir um etwas bitten nach seinem Willen, so hört er uns."*

Ich möchte an diese Aussage des Johannes gleich noch eine Aussage von Jakobus anhängen, um den Kontrast ein wenig deutlich zu machen, zwischen dem Willen Gottes und den Zielen, die ganz oft mit dem menschlichen Willen einhergehen (Jakobus 4,2-3): *„Ihr [...] habt nichts, weil ihr nicht bittet; ihr bittet und empfangt nichts, weil ihr in übler Absicht bittet, nämlich damit ihr's für eure Gelüste vergeuden könnt".*

Ich weiß nicht, wie es Ihnen damit geht, aber ich habe mich bei meinen Gebeten hin und wieder dabei ertappt, wie ich meine persönlichen Vorstellungen von dem, was in meinem Leben geschehen sollte, einfach zu Gottes Vorstellungen machte und dann auch entsprechend betete. Eines Tages ging es dabei um eine Gemeindeveranstaltung, bei der wir unbedingt auf Sonne angewiesen waren, weil alles im Freien stattfinden sollte. Ich konnte mich zwar nicht erinnern, dass wir als Gemeindeleitung bei Gott um den Termin, den Ort oder die Art der Veranstaltung angefragt hätten, aber das mit dem Wetter, war ja seine Sache!

Und dann stand der Termin bevor und die Wetterprognosen waren nicht so toll. Also betete ich dafür, dass es Sonnenschein gibt, weil Gott ja allmächtig ist. Und am Schluss meines Gebets hängte ich dann noch an: „...doch dein Wille geschehe! Amen." Damit war ich doch eigentlich im Soll, oder? Ich hatte gebetet und in meinem Gebet war der Wunsch drin, dass sein Wille geschehen würde. Aber wehe, wenn es keinen Sonnenschein geben würde! Dennoch gab sich die Sonne in unserem Fall nicht allzu viel Mühe mit ihren Strahlen.

In dem Gebet, das uns Jesus gelehrt hat, beten wir: „Vater Unser im Himmel [...] dein Wille geschehe, wie im Himmel, so auf Erden." Doch wo fängt das eigentlich an, dass sein Wille geschehen soll und kann?

Die Kraft des Gebets

„Gebet ist ein Reden des Herzens mit Gott.", so sagt Martin Luther. Und ich glaube, genau da fängt es an. Haben Sie schon einmal zwei Menschen beobachtet, die viele Jahre verheiratet sind? Man sagt, dass sie sich in den Gesichtszügen angleichen. Was ja auch kein Wunder ist. Wenn ich bedenke, wie oft ich meiner Angelika in die Augen schaue. Was ich aber viel spannender finde ist, dass sich auch die Denkweise und die Art zu reden und miteinander umzugehen mehr und mehr angleicht. Die Mimik, die Gestik, die lockeren Sprüche, usw. Alles scheint sich anzugleichen, ohne dass allerdings das Leben der beiden dabei langweilig werden würde. Sie verstehen sich nur immer besser!

Das ist eine Herzensbeziehung zweier Menschen, die ich wunderschön finde. „Gebet ist ein Reden des Herzens mit Gott!" Darin liegt der Schlüssel, in der Herzensbeziehung zwischen Gott und den Menschen. Jakobus sagt sinngemäß: „Ihr habt nichts, weil es nur um eure egoistischen Wünsche und Vorstellungen geht!" So etwas ist in einer Herzensbeziehung überhaupt nicht möglich, dass es nur um meine egoistischen Wünsche und Vorstellungen geht.

Im Hebräerbrief, Kapitel 12,1-2 ist zu lesen: *„Lasst uns laufen mit Geduld in dem Kampf, der uns bestimmt ist, 2 und aufsehen zu Jesus, dem Anfänger und Vollender des Glaubens"*. Das ist Herzensbeziehung, wie bei zwei Verliebten, wenn Sie zu Jesus aufsehen, sein Wort lesen, herausfinden, was ihm wichtig ist und ihn immer wieder fragen, welche Dinge er in Ihrem Leben verändern bzw. zu seinem Ziel führen möchte. Wenn Sie das tun, wird sich in Ihrem Herzen etwas verändern.

So ging es zumindest bei mir. Je wichtiger es mir wurde, dass nur das in meinem Leben geschieht, was Gott möchte, desto mehr veränderte sich meine Einstellungen zu gewissen Dingen, oder meine Art zu denken, zu reden oder mit Menschen umzugehen. Und irgendwann war es dann so, wie es auch in meiner Beziehung zu Angelika geworden ist. Es ist für mich überhaupt nicht denkbar, dass ich Entscheidungen, die uns beide betreffen, einfach alleine treffe. Das geht nicht! Ihre Meinung und ihre Gefühle dazu sind mir so wichtig, dass ich mich auf jeden Fall mit ihr abstimmen muss.

Und in meinem Glaubensleben ist das genauso. Ich bin mittlerweile so weit, dass ich keine Entscheidungen mehr treffen möchte, ohne mich vorher mit Gott abzustimmen. Das geht ja, weil wir als Kinder Gottes mit ihm reden und ihn hören können. Also rede ich mit ihm und höre darauf, was er mir antwortet. Wenn ich also heute bete: „Dein Wille geschehe!", dann ist das keine Floskel mehr, die ich gebrauche, damit es mir nachher besser geht, wenn mein Wille nicht geschehen ist. Dann konnte ich wenigstens sagen: „Naja, es ist eben sein Wille geschehen." Also, „dein Wille geschehe" als Trostpflaster dafür, falls mein eigener Wille nicht geschehen sollte. Nein, heute geht es wirklich um Gottes Willen für mein Leben.

Ich wundere mich auch nicht mehr darüber, warum es manche Gebetserfahrungen in meinem Leben gab, ich war einfach viel zu weit weg vom Herzen Gottes! Machen Sie nicht den gleichen Fehler und lassen Sie sich auf diese herzliche Beziehung zu Ihrem Gott ein. Gott selbst hat versprochen, dass er sich finden lassen wird, wenn wir ihn von ganzem Herzen suchen (Jeremia 29,13). Und das stimmt, zumindest kann ich das von mir selbst sagen. Natürlich braucht das Zeit und einen ruhigen Ort, aber ich bin mir sicher, dass Sie beides finden werden, wenn es Ihnen wichtig ist.

Und dann kommen Sie mit Ihrer Zuversicht zu Gott, sagen Sie ihm, was Sie auf dem Herzen haben, und nehmen Sie sich ebenso viel Zeit, auf seine Stimme in Ihnen zu hören. Das wird dazu führen, dass sich sein Wille mit Ihrem Willen verschmelzen wird zu dem, was gut und richtig für Sie ist. Die Kraft des Gebets wird sich mehr und mehr entfalten, denn „Gebet ist ein Reden des Herzens mit Gott; in Bitte und Fürbitte, Dank und Anbetung".

Bewahrt in Christus!

(1. Johannes 5,18-21)

Lassen Sie mich zum Einstieg eine Geschichte erzählen, die ich in meiner Zeit der Ausbildung im Sägewerk erlebt habe. Im Sägewerk gibt es einen Bereich, in dem die Baumstämme mit Kran und Motorsäge auf die Längen geschnitten werden, die man im Sägewerk für Kanthölzer und Bretter benötigt. Damit war ich an jenem Tag beschäftigt. Und das heißt, dass vor mir ein Berg von Baumstämmen lag und ich die Aufgabe hatte, diese Stämme so schnell wie möglich auf die richtigen Längen zu schneiden und mit dem Kran auf das Förderband zu legen. Bei einem der Stämme war dies nicht so einfach. Er lag halbhoch in diesem Berg von Baumstämmen. Ich maß ihn ab und fing an zu sägen. Keine Angst vor dem, was jetzt kommen könnte, ich habe noch alle zehn Finger an meinen beiden Händen!

Auf jeden Fall sägte ich den Baumstamm auseinander und plötzlich fiel der Berg von Stämmen in sich zusammen. Meine Motorsäge hatte ich noch in der rechten Hand, am hinteren Griff. Sie lief noch. Ich versuchte das Gleichgewicht zu halten und stützte mich mit der linken Hand an den anderen Baumstämmen ab, während die rechte Hand - mit der laufenden Motorsäge - wieder nach unten kam. Das Sägeblatt fiel auf einen anderen Stamm, direkt über meiner linken Hand. Das war sehr knapp: Daumen, Zeige- und Mittelfinger waren in Mitleidenschaft gezogen worden und bluteten sehr stark, aber alle waren noch dran. Es konnte im Krankenhaus genäht werden, und nach ein paar Wochen war alles wieder in Ordnung!

Das war gerade noch einmal gut gegangen. Glück gehabt, oder? Manche von Ihnen könnten vielleicht von ähnlichen Erlebnissen berichten, bei denen Sie vor größerem Schaden bewahrt geblieben sind. Dabei gehen ja manche Dinge, bei denen Sie bewahrt bleiben, einfach an Ihnen vorüber, ohne dass Sie es überhaupt bemerken. Oder sie dringen nicht so richtig ins Bewusstsein vor, weil sie in unsrer schnelllebigen Zeit gar keine Chance haben, sich festzusetzen. Kann man in solchen Fällen sagen: „Glück gehabt!"? Ich würde es gerne etwas anders ausdrücken und sagen: Es war Bewahrung, durch die Hand Gottes, in irdischen Situationen. Das ist die eine Seite meines Lebens als Christ.

Die andere Seite ist die geistliche. Also die Seite des Lebens, auf der ich Bewahrung erlebe, in geistlicher Hinsicht. Dazu zähle ich zunächst einmal die Tatsache, dass ich immer noch an Jesus Christus glauben kann. Das ist für mich auch eine Bewahrung Gottes. Es gab in meinem Leben schon genügend Situationen, die mir Anlass dazu gegeben hätten, mit meinem Glauben an Jesus Schluss zu machen. Wenn ich z.B. an die Zeit denke, in der wir uns aus Bad Liebenzell im Schwarzwald verabschiedet haben, um im Jahr 2013 eine Anstellung in einem Unternehmen in Günzburg anzutreten.

In unserer Gemeinde gab es einen Gottesdienst zum Abschied, bei dem uns viele Menschen gesegnet haben. Dabei bekamen wir Worte der Verheißung zugesprochen, die wunderschön waren, und wir hatten den Eindruck, jetzt könne es nur noch bergauf gehen. Gott wird mit uns sein und uns in ungeahnter Weise segnen. Doch Monate später war alles ganz anders. Die neue Stelle war für mich emotional eine Katastrophe, unsere finanzielle Situation führte mehr und mehr in eine Mangelsituation, usw. Natürlich vermischt sich hier das irdisch, menschliches Leben mit dem geistlichen.

Aber so ist das eben mit dem geistlichen Leben, dass es sich immer im irdisch-menschlichen zu bewähren hat. Nicht nur in dieser Zeit hätte es für mich genügend Gründe gegeben, das mit Jesus aufzugeben. Denn wenn Sie Segen verheißen bekommen und dann in eine solch üble, menschliche Situation kommen, kann Ihnen das schon die geistlichen Zeiger etwas verbiegen.

Doch genau das ist nicht passiert. Und das sehe ich als geistliche Bewahrung an, in der mir Jesus meinen Glauben an Ihn erhalten hat, trotz dieser großen Anfechtungen. Diese aber gehören einfach zu unserem Leben dazu, wenn es nach dem geht, was der Apostel Petrus in 1. Petrus 5,8 schreibt:

> *„Seid nüchtern und wacht; denn euer Widersacher, der Teufel, geht umher wie ein brüllender Löwe und sucht, wen er verschlinge."*

Bewahrt in Christus!

Doch wir sind und bleiben bewahrt in Christus. Wie das aussehen kann, darauf werde ich gleich noch näher eingehen. Zuvor aber zitiere ich den Bibeltext aus 1. Johannes 5,18-21:

"Wir wissen, dass, wer von Gott geboren ist, der sündigt nicht, sondern wer von Gott geboren ist, den bewahrt er und der Böse tastet ihn nicht an. 19 Wir wissen, dass wir von Gott sind, und die ganze Welt liegt im Argen. 20 Wir wissen aber, dass der Sohn Gottes gekommen ist und uns den Sinn dafür gegeben hat, dass wir den Wahrhaftigen erkennen. Und wir sind in dem Wahrhaftigen, in seinem Sohn Jesus Christus. Dieser ist der wahrhaftige Gott und das ewige Leben. 21 Kinder, hütet euch vor den Abgöttern (Götzen)!"

Wenn wir uns nun fragen, wie dieses „Bewahrt in Christus" aussehen kann, erhalten wir in diesem Textabschnitt vier Hinweise darauf: 1. Jesus Christus bewahrt vor dem Bösen. - 2. Jesus Christus hilft, die Welt zu erkennen. - 3. Jesus Christus gibt Sinn für die Wahrheit. - 4. Jesus Christus schenkt ewiges Leben.

1. Jesus Christus bewahrt vor dem Bösen

Kap. 5,18+21: *"Wir wissen, dass, wer von Gott geboren ist, der sündigt nicht, sondern wer von Gott geboren ist, den bewahrt er und der Böse tastet ihn nicht an. 21 Kinder, hütet euch vor den Abgöttern (Götzen)!"*

Zunächst einmal werden wir mit einer Wiederholung dessen konfrontiert, was Johannes schon in Kapitel 3,9 deutlich gemacht hat: Wenn ein Mensch wirklich von neuem geboren ist, also ganz im Sinne von dem, was der Apostel Paulus in 2. Korinther 5,17 schreibt: *"Ist jemand in Christus, so ist er eine neue Kreatur; das Alte ist vergangen, siehe, Neues ist geworden".*

Wenn jemand also wirklich diese Verwandlung erlebt hat, dass er in seinem Leben völlig neu geworden ist und mit ganzem Herzen ein Nachfolger von Jesus Christus sein möchte, dann wird er nicht mehr gewohnheitsmäßig sündigen. Das ist auch hier an dieser Stelle die Aussage. Das sollte Ihnen Gelassenheit geben, wenn es um Ihr Alltagsleben geht. Sie müssen nicht unter ständiger Anspannung stehen, weil Sie bei Johannes doch gelesen haben, dass Sie von nun an nicht mehr sündigen dürfen. Mit solch einer Anspannung, werden Sie garantiert in die nächste Falle tappen, z.B., indem Sie, von dieser Anspannung genervt, den nächstbesten, der Ihnen über den Weg läuft, einfach lieblos behandeln. Das wäre also nicht hilfreich, und so hatte es der Apostel Johannes ja auch nicht gemeint.

Aber er meint damit auch nicht, dass es kein Problem wäre zu sündigen, weil das eben bei jedem Christen vorkommt. Denken Sie noch einmal an das Bild, das hinter dem Wort Sünde steht: Es ist das Bild von einem Bogenschützen, der auf eine Zielscheibe zielt, dann seinen Pfeil abfeuert und dabei sein Ziel verfehlt. Sünde ist jede Tat oder Handlung, die an den Zielen Gottes für ihr Leben vorbei geht. Das ist kein Kavaliersdelikt. Sünde ist etwas, das ein wertvolles Menschenleben gekostet hat, um das Gericht dafür wieder aus der Welt zu schaffen.

Deshalb können Sie das Thema „Sünde" nie ernst genug nehmen. Aber dann auch nicht wieder so ernst, dass sie ängstlich und verkrampft leben, weil Sie in ständiger Furcht davor leben, dass Sie eine Sünde begehen könnten. Dazu schreibt Johannes (1. Johannes 2,1): *„Wenn jemand sündigt, so haben wir einen Fürsprecher bei dem Vater, Jesus Christus, der gerecht ist"*.

Wir stellen also fest: Im Normalfall wird es jedem Christen das eine oder andere Mal passieren, dass er oder sie sündigen wird. Aber was nicht geht ist, dass Christen sich Sünder nennen und es sich zur Gewohnheit machen, entweder allgemein zu sündigen, oder eine bestimmte Sünde zu wiederholen, aus welchen Gründen auch immer.

Und nun müsste man in Vers 18 weiter übersetzen: *„...sondern der von Gott geborene bewahrt ihn* - den Menschen - *und das Böse tastet ihn nicht an"*. Diese Übersetzung klingt ähnlich wie die aus der Luther-Bibel, bringt aber eher das zum Ausdruck, was durch die grammatikalische Form der Worte im Urtext gemeint sein müsste. So geht es im ersten Teil des Verses um die aus Gott Geborenen, die aus den Menschen hervorgehen. Also um Menschen, die sich für Jesus entscheiden. Und im zweiten Teil des Verses geht es um den, der einmalig aus Gott geboren ist: Jesus Christus.

Ich finde diese Klärung äußerst wichtig, denn sie weist mich darauf hin, dass ich in meinem Leben nicht auf mich selbst gestellt bin, son-

Bewahrt in Christus!

dern dass Jesus Christus auf mich aufpasst. Und zwar auch in Bezug auf meine Sünde, meine schlechten Gewohnheiten oder Umgangsweisen mit anderen Menschen. Wenn ich mir überlege, wie geduldig Jesus in all den Jahren mit mir umgegangen ist, dann kommen mir echt die Tränen. So viel Geduld hätte ich mit keinem Menschen gehabt. Grob gesagt hat Jesus in meinem Leben, im Verlauf von Jahrzehnten, aus einem Kühlschrank einen Menschen gemacht, der Mitgefühl kennt. Wenn Sie wissen möchten, ob das stimmt, müssen Sie nur meine Frau fragen. Von sich selbst gesagt klingt es nicht so glaubwürdig.

Aber diese Veränderung meines Herzens zeigt mir, dass diese Worte von Johannes absolut wahr sind. Jesus Christus passt auf mich auf, und wenn ich es wünsche, dann verändert er mich auch. Und das Böse darf mich nicht berühren. Dazu habe ich einmal eine schöne Geschichte gehört von einer Frau, die Angst vor Hunden hatte. Eines Tages kam sie in einen Vorgarten, weil sie jemand besuchen wollte. Und kaum war sie in diesem Vorgarten, kam ein schwarzer Hund um die Ecke, und ging geradewegs auf sie zu. Wer sich mit der Angst vor Hunden auskennt, der weiß, was jetzt in dieser Frau vorgegangen ist. Doch sie erinnerte sich daran, dass das Böse sie nicht antasten darf und sagte vor sich hin: „Ich bin ein Kind Gottes, und das Böse - auch dieser Hund - darf mich nicht antasten". Raten Sie mal, was geschehen ist. Der Hund machte kehrt und verschwand hinter der Hausecke, auch zur Verwunderung der Besitzerin des Hundes. Ja, das Böse darf Sie nicht antasten, wenn Sie Gottes Kind sind. Ich weiß, dass es dazu manche Gegenbeispiele gibt, wo es ganz anders gelaufen ist. Zwischen beidem bleibt deshalb eine gewisse Spannung zurück.

Dennoch heben alle negativen Beispiele menschlichen Lebens die Worte Gottes nicht auf, die gesprochen wurden. Lassen Sie es also einfach so stehen und probieren Sie es einmal aus, wenn Sie Böses auf sich zukommen sehen. Es wäre doch eine schöne Überraschung, wenn Sie Gleiches erleben dürften, wie diese Frau, oder?

Und dann habe ich noch den Vers 21 in diesen ersten Punkt mit hineingenommen, weil er für mich die beiden Seiten meines Christenlebens deutlich macht. Auf der einen Seite weiß ich, dass Jesus auf mich aufpasst und mich bewahrt. Auf der anderen Seite bin ich nicht von der Verantwortung entbunden, auch selbst auf mein Leben aufzupassen.

Ganz in dem Sinne, wie es Salomo in den Sprüchen schreibt (Sprüche 4,23): *„Behüte dein Herz mit allem Fleiß, denn daraus quillt das Leben".* Das klingt ähnlich, wie bei Johannes: *„Kinder, hütet euch vor den Götzen!"*

Das ist der Spannungsbogen christlichen Lebens, den Paulus in seinem Brief an die Christen in Philippi so beschreibt (Philipper 2,12-13): *„Schaffet, dass ihr selig werdet, mit Furcht und Zittern. Denn Gott ist's, der in euch wirkt beides, das Wollen und das Vollbringen, nach seinem Wohlgefallen".* Ich bin also gefragt, auf mein Christsein aufzupassen, mein Verhalten als Christ immer wieder zu überprüfen. Das Wörtchen „hüten", das in Vers 21 verwendet wird, wurde im damaligen Sprachgebrach für das Bewachen einer Herde, eines Guthabens oder anvertrauten Vermögens (1. Timotheus 6,20) bzw. eines Gefangenen (Apostelgeschichte 12,4) benutzt.

Es beschreibt also eine ernste und wichtige Sache, die keiner auf die leichte Schulter genommen hat. *„Behüte dein Herz mit allem Fleiß",* das klingt für mich als ob jemand auf etwas sehr Zerbrechliches aufpassen muss, und deshalb mit besonderer Konzentration und ganz viel Vorsicht zu Werke geht. Es muss ja erhalten werden mit dem Wissen, dass Jesus da ist, um mit allem, was er hat, dabei zu helfen, mein Christsein auf der Spur zu halten. Ich finde diese Art zu leben wirklich großartig, auch wenn ich es an manchen Stellen überhaupt nicht verstehen kann. Doch wenn ich auf mein Leben zurückschaue, ganz im Sinne des Psalmisten David (Psalm 103,2): *„Lobe den Herrn, meine Seele, und vergiss nicht, was er dir Gutes getan hat."* Dann kann ich nur sagen, dass für mich jedes dieser Worte zu einhundert Prozent stimmt und ich froh bin, dass ich in Christus bewahrt bin, vor allem Bösen!

2. Jesus Christus hilft, die Welt zu erkennen

Kap. 5,19: *„Wir wissen, dass wir von Gott sind, und die ganze Welt liegt im Argen."*

„Wir wissen", das ist eine wichtige Stelle. Immer dann, wenn es in der Bibel heißt „wir wissen" oder „wisst ihr nicht", dann handelt es sich um zentrale Informationen für unseren Glauben an Jesus Christus. Und diese Informationen sind meist grundlegend. Wenn Sie also über die Grundlagen des Glaubens Bescheid wissen möchten, dann lege ich

Ihnen nahe, im Neuen Testament der Bibel nach den Stellen zu suchen, in denen das Wort „Wissen" in diesem Zusammenhang vorkommt. Wenn Sie alle Bibelstellen dazu durch haben, werden Ihnen die Grundlagen des Glaubens viel vertrauter sein als vorher. Die Zeit, die Sie dafür aufwenden, wird auf keinen Fall vergeblich sein.

„Wir wissen, dass wir von Gott sind." Das klingt zunächst einmal banal. Doch was heißt das, *„dass wir von Gott sind"*? Wenn Sie sich einmal die Zeit nehmen und Johannes 17 lesen, das Gespräch, das Jesus kurz vor seinem Tod mit seinem Vater im Himmel geführt hat, dann werden Sie in den Versen 11 und 16 Folgendes lesen: *„Ich bin nicht mehr in der Welt; sie aber sind in der Welt [...] 16 Sie sind nicht von der Welt, wie auch ich nicht von der Welt bin"*. Von diesen Sätzen ausgehend, stammt der Satz: „Wir sind nicht von der Welt, aber in der Welt!"

Also, Sie leben zwar noch hier in der Welt, sonst wären Sie heute nicht hier. Aber Sie sind nicht mehr von der Welt, also im Grunde irgendwo anders. Wo, das beschreibt der Apostel Paulus in Epheser 2,6: *„Aber Gott [...] hat uns mit auferweckt und mit eingesetzt im Himmel in Christus Jesus"*. Und in Kolosser 3,1 fügt er hinzu: *„Seid ihr nun mit Christus auferstanden, so sucht, was droben ist, wo Christus ist, sitzend zur Rechten Gottes"*.

Wenn wir es also genau nehmen wollen, dann leben wir zwar mit unserem menschlichen Körper auf dieser Welt, und stehen hoffentlich mit beiden Beinen in dieser Welt, aber unser geistliches Wesen befindet sich im Himmel, in Jesus Christus, direkt an der rechten Seite Gottes, des Vaters! Das ist die geistliche Realität! Das ist jetzt nicht schwärmerisch abgehoben, sondern das ist die wirkliche Wirklichkeit, in der Sie als Christ leben. Damit klingt dieses „Wir wissen, dass wir von Gott sind" gar nicht mehr so banal. Es ist atemberaubend und total spannend, als Bürger zweier Welten, in einer fremden Welt zu leben.

Ursprünglich war dies alles einmal anders gedacht. Als Gott die beiden ersten Menschen schuf, Adam und Eva, da sagte er zu ihnen (1. Mose 1,28): *„Seid fruchtbar und mehret euch und füllet die Erde und machet sie euch untertan und herrschet über die Fische im Meer und über die Vögel unter dem Himmel und über das Vieh und über alles Getier, das auf Erden kriecht"*. Wobei dabei eines klar blieb, was König David in Psalm 24,1 zum Ausdruck bringt: *„Die Erde ist des HERRN und* *was darinnen ist, der Erdkreis und die darauf wohnen"*. Der Besitzer der Erde ist also Gott selbst. Und mit der Herrschaft dieser Erde waren die Menschen betraut.

Aber dann kam der sog. Sündenfall. Der Tag, an dem sich Adam und Eva dafür entschieden, selbst wie Gott sein zu wollen. Was ging dabei an Satan verloren, das Besitzrecht über die Erde oder das Recht über die Erde zu herrschen? Das Recht zu herrschen, wie auch aus Psalm 24,1 deutlich wird. Denn diese Sätze wurden lang nach dem Sündenfall geschrieben, und so, dass sie zum Ausdruck bringen, dass die Erde auch heute noch Gott gehört.

Aber vom Teufel schreibt z.B. Paulus an die Christen in Ephesus (Epheser 6,12): *„Denn wir haben nicht mit Fleisch und Blut zu kämpfen, sondern mit Mächtigen und Gewaltigen, nämlich mit den Herren der Welt, die in dieser Finsternis herrschen, mit den bösen Geistern unter dem Himmel"*. Genauso sagt es auch Johannes, was in der Luther-Übersetzung nicht so deutlich herauskommt. *„...und die ganze Welt liegt im Argen"* müsste eigentlich übersetzt werden: *„...und die ganze Welt liegt im Machtbereich des Bösen"*. Auch das gehört zu dem Wissen innerhalb der Grundlagen des Glaubens. Nicht um Ihnen Angst vor dem Teufel zu machen. Sicher nicht, denn wir Christen leben in Christus und sitzen an der rechten Seite Gottes. Aber um anzuzeigen, dass wir als Menschen immer damit rechnen müssen, dass Satan versuchen wird, uns wieder auf die Erde zurückzuholen.

Ganz in dem Sinne, wie Petrus es sagt (1. Petrus 5,8): *„Seid nüchtern und wacht; denn euer Widersacher, der Teufel, geht umher wie ein brüllender Löwe und sucht, wen er verschlinge"*. In diesem Sinne hilft uns Jesus, diese Welt zu erkennen bzw. zu durchschauen, damit wir in unserem ganz alltäglichen Leben in dieser Welt bewahrt bleiben.

3. Jesus Christus gibt Sinn für die Wahrheit

Kap. 5,20: *„Wir wissen aber, dass der Sohn Gottes gekommen ist und uns den Sinn dafür gegeben hat, dass wir den Wahrhaftigen erkennen. Und wir sind in dem Wahrhaftigen, in seinem Sohn Jesus Christus. Dieser ist der wahrhaftige Gott und das ewige Leben."*

Und wieder haben wir es mit diesem „Wir wissen" zu tun. Damit können Sie davon ausgehen, dass wir es mit einer Grundlage des christlichen Glaubens zu tun haben, über die Sie nicht einfach hinweglesen sollten. Das kann sehr schnell passieren. Wenn ich mir bewusst mache, wie schnell ich z.b. solch einen Satz einfach überlesen kann: *"Wir wissen aber, dass der Sohn Gottes gekommen ist und uns den Sinn dafür gegeben hat, dass wir den Wahrhaftigen erkennen".* Ok, Jesus ist gekommen und ich durfte ihn erkennen. Klar, sonst würde ich ja nicht glauben. Gut. Abgehakt. Und weiterlesen. So geht das normalerweise. Kann bei Ihnen nicht vorkommen, oder?

Aber jetzt lassen Sie uns kurz etwas genauer hinschauen. Es gibt nicht wenige Menschen, die sich immer wieder fragen, warum sie die Stimme Gottes nicht so hören können, wie es bei anderen Menschen möglich ist. Und nun schreibt Johannes hier, dass Jesus uns die Einsicht oder „den Sinn" dafür gegeben hat, ihn zu erkennen.

Stellen Sie sich vor, Sie müssten ein Bild aufhängen und hätten auch den Nagel dafür in der Hand. Doch Sie fragen sich: „Wie bringe ich bloß diesen Nagel in die Wand?" Und dann kommt jemand und sagt zu Ihnen: „Nehmen Sie einfach den Hammer dazu, den Sie in Ihrer Werkstatt liegen haben. Er liegt bei all den anderen Werkzeugen."

Sie haben also alle Möglichkeiten, die Sie brauchen, um das zu tun, was nötig ist. Jeder Mensch hat fünf äußerliche Sinne[10] und wenn er Christ wird, gibt es auch noch fünf innere Sinne[11] dazu. Sie haben also alle Sinne beieinander, um die Wahrheit, Jesus Christus, zu erkennen, also mit ihm in Beziehung zu treten. Das ist eine gewaltige Aussage. Übrigens ist dies auch der Grund, warum wir mit unserem Dienst[12] ein Seminar anbieten, das den Titel trägt: „Gottes Stimme -live- hören", weil wir davon ausgehen, dass jeder Christ alle Sinne beieinander hat, um mit Jesus in Beziehung zu treten und seine Stimme hören zu können. Und wir möchten den Menschen in diesem Seminar zeigen, was sie tun können, damit dies in ihrem Leben Wirklichkeit werden kann.

Vielleicht hilft es Ihnen, wenn Sie einfach die Frage anders stellen, falls sie sich bei Ihnen stellt. Fragen Sie nicht mehr: *"Warum* kann ich

---

[10] Sehen (Augen) - Hören (Ohren) - Riechen (Nase) - Schmecken (Mund) - Tasten (Hände).
[11] Innere Augen (Vision, Vorstellungsvermögen), innere Ohren (Möglichkeiten, Gottes Stimme zu hören), innerer Verstand (geistliches Denken, Meditation), innerer Wille (Möglichkeit, sich auf Gottes Willen einzustellen), innere Gefühle (geistliche Emotionen, Frucht des Geistes: Galater 5,22).
[12] HWZ Ministries: www.hwz-ministries.de.

die Stimme Gottes nicht hören?" Denn Sie haben ja alle Voraussetzungen, damit das geschehen kann, was Jesus so ausgedrückt hat (Johannes 10,27): *„Meine Schafe hören meine Stimme!"* Sie können also auf jeden Fall hören, weil Sie alle Sinne beisammen haben.

Fragen Sie stattdessen: *„Wie* kann ich die Stimme Gottes hören?" Vielleicht spüren Sie schon in dieser Fragestellung, dass Sie dies auf jeden Fall zu einem anderen Ergebnis führen wird. Nämlich dazu, dass Sie - wenn vielleicht auch nicht sofort - auf jeden Fall die Stimme Gottes hören und damit die Wahrheit erkennen werden!

4. Jesus Christus schenkt ewiges Leben

Kap. 5,20: *„Wir wissen aber, dass der Sohn Gottes gekommen ist und uns den Sinn dafür gegeben hat, dass wir den Wahrhaftigen erkennen. Und wir sind in dem Wahrhaftigen, in seinem Sohn Jesus Christus. Dieser ist der wahrhaftige Gott und das ewige Leben."*

Wir befinden uns immer noch im Rahmen dieses „Wir wissen aber". Sie werden sicher nicht enttäuscht werden, wenn Sie deshalb auch in diesem Textabschnitt nach einer Grundlage ihres Glaubens suchen. Zugegeben, sie ist etwas versteckt, aber nicht so, dass man sie nicht finden könnte.

Es beginnt damit, dass Johannes schreibt: *„Und wir sind in dem Wahrhaftigen".* Das haben wir eben schon geklärt. Wir sind als Nachfolger Jesu nicht mehr von dieser Welt, auch wenn wir praktisch noch in dieser Welt leben. Wir leben ganz so, wie es der Apostel Paulus in Galater 2,20 beschrieben hat: *„Ich lebe, doch nun nicht ich, sondern Christus lebt in mir. Denn was ich jetzt lebe im Fleisch, das lebe ich im Glauben an den Sohn Gottes, der mich geliebt hat und sich selbst für mich dahingegeben",* also: Christus in Ihnen und Sie in Christus. Etwas geheimnisvoll, aber dennoch sehr genial!

Und jetzt schreibt Johannes dazu: *„Dieser ist der wahrhaftige Gott und das ewige Leben".* Was meinen Sie, was diese Aussage nach dem jetzigen Stand der Dinge für Auswirkungen auf Ihr irdisch-geistliches Leben haben wird? Also solche Sätze sind für mich die Motivation, immer wieder über das Wort Gottes zu meditieren, in dieser Fundgrube göttlicher Erkenntnis zu graben, bis ich einen solchen Schatz heben kann wie diesen: Jesus ist *„der wahrhaftige Gott und das ewige Leben".*

Bewahrt in Christus!

Sie sind als Christ in Jesus Christus und er ist in Ihnen. Was denken Sie, sagt dies über Ihr Leben nach dem Tod aus?

Ich weiß von Menschen, dass sie vor ihrem irdischen Tod noch mächtig Probleme bekamen, weil sie sich nicht sicher waren, ob es ihnen reichen wird, ob sie nach diesem irdischen Leben auch wirklich bei Gott im Himmel sein werden, oder ob sie vielleicht doch vor der falschen Türe stehen werden. Keine Sorge! Nach dem, was Johannes hier sagt, wird dies auf keinen Fall so sein.

Jeder, der Jesus Christus nachfolgt, wird ewiges Leben bei Gott haben, weil er in Christus ist, der ewig ist. Jesus selbst hat es versprochen, und deshalb wird es auch so sein (Johannes 5,24): *„Wahrlich, wahrlich, ich sage euch: Wer mein Wort hört und glaubt dem, der mich gesandt hat, der hat das ewige Leben und kommt nicht in das Gericht, sondern er ist vom Tode zum Leben hindurchgedrungen".* Und das gilt, ohne jeden Zweifel.

Ja, wir sind bewahrt in Christus. Ich weiß nicht, was Sie von diesem Thema erwartet haben. Wenn ich lese, was Johannes in seinem Brief dazu geschrieben hat, ist es durchaus dazu geeignet, alle Erwartungen zu übertreffen. Denn Jesus bewahrt vor dem Bösen, hilft, die Welt zu erkennen, gibt Sinn für die Wahrheit und schenkt ewiges Leben.

Ich denke, dies wird alles in dem wohl bekanntesten Psalm der Bibel zusammengefasst. Deshalb möchte ich mit diesem Psalm schließen, und Ihnen diesen mit auf den Weg geben, auch als Gebet (Psalm 23):

> *„Der HERR ist mein Hirte, mir wird nichts mangeln. 2 Er weidet mich auf einer grünen Aue und führt mich zum frischen Wasser. 3 Er erquicket meine Seele. Er führt mich auf rechter Straße um seines Namens willen. 4 Und ob ich schon wanderte im finstern Tal, fürchte ich kein Unglück; denn du bist bei mir, dein Stecken und Stab trösten mich. 5 Du bereitest vor mir einen Tisch im Angesicht meiner Feinde. Du salbest mein Haupt mit Öl und schenkest mir voll ein. 6 Gutes und Barmherzigkeit werden mir folgen mein Leben lang, und ich werde bleiben im Hause des HERRN immerdar."*

Nachwort

"Ich hätte dir viel zu schreiben; aber ich wollte nicht mit Tinte und Feder an dich schreiben. Ich hoffe aber, dich bald zu sehen; dann wollen wir mündlich miteinander reden. Friede sei mit dir! Es grüßen dich die Freunde. Grüße die Freunde, jeden mit Namen."

3. Johannes 13-15

So verabschiedet sich der Apostel Johannes in seinem zweiten und dritten Brief von den Menschen, die ihm offensichtlich sehr ans Herz gewachsen sind.

Und so möchte ich mich auch von Ihnen verabschieden, der Sie diese 14 verschiedenen Themen durchgelesen und vielleicht sogar durchgearbeitet haben. Meine Hoffnung und mein Gebet sind, dass Sie durch die Ausführungen in diesem Buch nicht nur in Ihrem Verstand herausgefordert wurden, sondern dass auch Ihr Herz berührt wurde. Wenn es so wäre, würde mich das sehr freuen. Vielleicht können wir sogar einmal persönlich über die „herzlichen" Auswirkungen reden, wie es sich auch Johannes für seine Empfänger gewünscht hat.

Auf jeden Fall schließe ich mich seinem Wunsch an, dass Sie der Friede Gottes auf all Ihren Wegen begleiten möge. Und, dass Sie in allen Lebenslagen von dieser Liebe Gottes berührt und geleitet werden, die so übernatürlich schön ist, und das, weil Sie tief in Ihrem Herzen erkennen und wissen: Ich kann lieben und mich lieben lassen, weil ich von Jesus Christus zuerst geliebt wurde.

In diesem Sinne: Gott segne Sie!

Ihr Hans-Werner Zöllner

P.S.: *"Lasst uns lieben, denn ER hat uns zuerst geliebt!"*

HWZ Ministries

<u>Unsere Vision:</u> Menschen: menschlicher!
Glauben: glaubwürdiger!
Leben: lebenswerter!
Gesellschaft: gesellschaftlicher!

Unser Angebot

Gottes Stimme hören

Welcher Christ wünscht sich das nicht? Immer dann, wenn es um Entscheidungen im Leben geht, die sehr wichtig sind, wird der Ruf laut, Gottes Stimme zu hören. Nun kann es für Sie wahr werden. Wir vermitteln Ihnen die nötigen Schlüssel, damit Sie die Stimme Gottes hören und sich mit Ihm über Ihr Leben austauschen können. Und Gott wird es Ihnen schenken (Joh. 10,27)!

Ein Leben haben, das Spuren hinterlässt

Vielleicht entsteht dieser Wunsch nicht immer in jungen Jahren. Aber wir garantieren: Er kommt. Der Wunsch danach, mit seinem Leben etwas zu hinterlassen, das man als lohnenswert bezeichnen kann. Wir coachen Sie, um Ihnen zu helfen, Menschen so zu führen, dass diese ihr Gott gegebenes Potential entfalten können.

Neuer Kurs für die Gemeinde?!

Christliche Gemeinde wird oft mit einem Schiff verglichen, das sich auf dem Meer der Gesellschaft befindet, die sie umgibt.

Wir möchten Ihnen dabei helfen, dieses Schiff nicht nur auf dem aktuellen Kurs zu halten, sondern dass es auch einen neuen Kurs aufnehmen kann, falls Sie die bisherige Reiseroute nicht mehr als zielführend empfinden.

Wenn Sie die folgenden Fragen bewegen:

- Wie kann ich Gottes Stimme (live) hören?
- Wie kann ich ein Leben führen, das Spuren hinterlässt?
- Wie können wir gemeinsam die Gemeinde wieder auf Kurs bringen?

Dann sind Sie hier genau richtig.

Frei nach dem oben angegebenen Motto von HWZ Ministries bieten wir Ihnen nachfolgende Dienstleistungen, von bester Qualität, zu den Ihnen bzw. Ihrer Gemeindearbeit entsprechenden Konditionen.

Coaching

- Visionäre Gemeindeentwicklung/-konzeption
- Gemeindeanalyse und Impulsgebung
- Entwicklung von geistlichem Leben in der Gemeinde
- Führungskräfte-Coaching (Gemeindeleitung)

Trainings

in verschiedenen Bereichen und Disziplinen, die in Christsein und Gemeinde relevant sind, wie z.B.:
Gottes Stimme -live- hören!

Seminare/Vorträge

zu verschiedenen Themen

- der Bibel
- des Christseins
- des Gemeindealltags

Eine Liste mit Themen können Sie auf der unten angegebenen Website einsehen.

Kontakt: info@hwz-ministries.de / +49 (0)8221 276 908 0 / www.hwz-ministries.de

Als weiteres Buch dieses Autors ist bereits erschienen:

Die Vision als Fixstern der Gemeinde

(Veränderungsprozesse in christlichen Gemeinden)

Begeben Sie sich auf eine spannende Reise, bei der die Vision der Fixstern der Veränderung Ihrer Gemeinde sein kann!

„Denn Gott hat uns nicht gegeben den Geist der Furcht, sondern der Kraft und der Liebe und der Besonnenheit."

(2. Timotheus 1,7)

In vergangenen Jahrhunderten führten sie die Seefahrer sicher in den heimatlichen Hafen. Es waren die Fixsterne, allen voran der Nordstern. Wer auf ihn schaute und seine Reise nach ihm ausrichtete, konnte nicht in die Irre gehen. Heutzutage wird diese Aufgabe von modernen Satelliten-Navigationssystemen übernommen.

Wenn Sie sich auf die Reise einer Veränderung Ihrer Gemeinde machen, werden auch Sie einen solchen Bezugspunkt benötigen. Und dieser Bezugspunkt ist die Vision, die Ihnen schon bei den ersten Plänen zu einer Veränderung helfen kann, dann aber auch während der Umsetzung immer wieder als Navigationspunkt dienen wird.

Die Inhalte dieses Buches werden Ihnen dabei helfen, eine Vision zu erarbeiten, die aus dem Herzen Gottes kommt und mit der Sie es wagen können, einen Veränderungsprozess in Gang zu setzen, der Ihre Gemeinde nicht mehr so lassen wird, wie sie war. Lassen Sie sich auf diese herrliche Reise ein. Es lohnt sich, denn Gott wird mit Ihnen sein!

Dieses Buch (und das E-Book) können Sie über Amazon.de bestellen. Oder bei jeder anderen Buchhandlung.

Paperback - 316 Seiten (mit vielen Schaubildern und Praxisbeispielen)

Preise:
Buch: 14,95 Euro
E-Book: 9,99 Euro

Über den Autor

Hans-Werner Zöllner

ist Autor, Coach, Trainer und Speaker und der Inhaber von HWZ Ministries. Er hat es sich zur Aufgabe gemacht, Einzelpersonen, Führungskräften und christlichen Gemeinden in allen Fragen rund um Entwicklung und Veränderung zur Seite zu stehen.

Chronologischer Werdegang

- geboren 1963 in Künzelsau/Hohenlohe
- Besuch der Grund- und Hauptschule und anschließende Ausbildung zum Sägewerker.
- Bundeswehr (Zeitsoldat - 8 Jahre - Ausbilder im Fernmeldebereich)
- Ausbildung zum Gemeinschaftspastor am Theologischen Seminar der Liebenzeller Mission (heute: Internationale Hochschule Liebenzell - IHL)
- Geschäftsführender Pastor eines Gemeinschaftsbezirks im Liebenzeller Gemeinschaftsverband (LGV)
- Geschäftsführer bei der CTL gemeinnützige GmbH CTL ist ein Bildungsunternehmen dreier theologischer Ausbildungsstätten in Kooperation mit der Middlesex University in London
- Leiter Hochschulbibliothek der IHL
- Lehrbeauftragter an der IHL
- Technischer Betriebsleiter Tex&More GmbH
- Gründung HWZ Ministries

Qualifikationen

- Gemeindeberater Natürliche Gemeindeentwicklung (NCD)
- Trainer persolog Persönlichkeits-Profil
- Coach (DGfC 2009)
- Trainer persolog Lernen und Lehren
- Master of Arts in Praktischer Theologie

Heute ist Hans-Werner Zöllner seit über 30 Jahren glücklich verheiratet mit Angelika, hat - mit ihr - drei wunderbare erwachsene Kinder, die mit beiden Beinen im Leben stehen und wohnt zurzeit in Günzburg/ Oberschwaben.